LES CONTES

DE PERRAULT

PARIS — IMPRIMLRIE PAUL DUPONT

LES CONTES

DE PERRAULT

GRAVURES EN CHROMOLITHOGRAPHIE

PAR

T IIX

VIGNETTES DE G. STAAL, YAN D'ARGENT, TOFANI, ETC

PARIS

GARNIER FRERES, LIBRAIRES-EDITEURS

6, RUE DES SAINTS-PERES, 6

CONTES DE PERRAULT

LE PETIT CHAPERON ROUGE

L était une fois une petite fille de village, la plus jolie qu'on eût su voir : sa mère en était folle, et sa mère-grand plus folle encore. Cette bonne femme lui fit faire un petit chaperon[1] rouge, qui lui seyait si bien, que partout on l'appelait le petit Chaperon rouge. Un jour sa mère, ayant fait des galettes, lui dit : « Va voir comment se porte ta mère-grand, car on m'a dit qu'elle était malade : porte-lui une galette et ce petit pot de beurre. » Le petit Chaperon rouge partit aussitôt pour aller chez sa mère-grand, qui demeurait dans un autre village. En passant dans un bois, elle rencontra compère le loup, qui eut bien envie de la manger; mais il n'osa, à cause de quelques bûcherons qui étaient dans la forêt. Il lui demanda où elle allait. La pauvre enfant, qui ne savait pas qu'il était dangereux de s'arrêter à écouter un loup, lui dit : « Je vais voir ma mère-grand, et lui porter une galette avec un petit pot de beurre que ma mère lui envoie. — Demeure-t-elle bien loin? lui dit le loup. — Oh! oui, lui dit le petit Chaperon rouge : c'est par delà le moulin que vous voyez tout là-bas, là-bas, à la première maison du village. — Eh bien, dit le loup, je veux

1. Ancienne coiffure, qui fut en usage jusqu'au temps du roi Charles IX.

l'aller voir aussi : je m'y en vais par ce chemin-ci, et toi par ce chemin-là; et nous
verrons à qui plus tôt y sera.

   Le loup se mit à courir de toute sa force par le chemin qui était le plus court ; et la

petite fille s'en alla par le chemin le plus
long, s'amusant à cueillir des noisettes, à
courir après les papillons et à faire des bouquets des petites fleurs qu'elle rencontrait.

   Le loup ne fut pas longtemps à arriver
à la maison de la mère-grand; il heurte :
toc, toc. « Qui est là? — C'est votre fille le
petit Chaperon rouge, dit le loup en contre-
faisant sa voix, qui vous apporte une galette
et un petit pot de beurre, que ma mère vous
envoie. » La bonne mère-grand, qui était
dans son lit, à cause qu'elle se trouvait un
peu malade, lui cria : « Tire la chevillette,

Elle rencontra compère le loup.

la bobinette [1] cherra. » Le loup tira la chevillette, et la porte s'ouvrit. Il se
jeta sur la bonne femme et la dévora en moins de rien; car il y avait plus
de trois jours qu'il avait mangé. Ensuite il ferma la porte et s'alla coucher
dans le lit de la mère-grand, en attendant le petit Chape-
ron rouge, qui, quelque temps après, vint heurter à la
porte : toc, toc. « Qui est là? » Le petit Chaperon rouge,
qui entendit la grosse voix du loup, eut peur d'abord :
mais, croyant que sa mère-grand était enrhumée, répondit : « C'est votre fille, le petit Chaperon rouge, qui vous
apporte une galette et un petit pot de beurre que ma mère
vous envoie. » Le loup lui cria, en adoucissant un peu sa
voix : « Tire la chevillette, la bobinette cherra. » Le petit
Chaperon rouge tira la chevillette, et la porte s'ouvrit.

Elle s'amusait à faire des bouquets.

   Le loup, la voyant entrer, lui dit en se cachant dans le lit sous la couverture :
« Mets la galette et le petit pot de beurre sur la huche [2], et viens te coucher avec

1. Petit verrou de bois qui ferme les portes dans les villages.
2. Grand coffre où l'on serre le pain dans les campagnes.

moi. » Le petit Chaperon rouge se déshabille et va se mettre dans le lit, où elle fut bien étonnée de voir comment sa mère-grand était faite en son déshabillé. Elle lui dit : « Ma mère-grand, que vous avez de grands bras ! — C'est pour mieux l'embrasser ma fille ! — Ma mère-grand, que vous avez de grandes jambes ! — C'est pour mieux courir, mon enfant. — Ma mère-grand, que vous avez de grandes oreilles ! — C'est pour mieux écouter, mon enfant. — Ma mère-grand, que vous avez de grands yeux ! — C'est pour mieux te voir, mon enfant. — Ma mère-grand, que vous avez de grandes dents ! — C'est pour te manger. » Et, en disant ces mots, ce méchant loup se jeta sur le petit Chaperon rouge et le mangea.

si belle, lui demanda ce qu'elle faisait là toute seule, et ce qu'elle avait à pleurer.
« Hélas ! monsieur, c'est ma mère qui m'a chassée du logis. » Le fils du roi, qui vit
sortir de sa bouche cinq ou six perles et autant de diamants, la pria de lui dire
d'où cela lui venait. Elle lui raconta toute son aventure. Le fils du roi en devint amoureux, et, considérant qu'un tel don valait mieux que tout ce qu'on pouvait donner
en mariage à une autre, l'emmena au palais du roi son père, où il l'épousa.

Pour sa sœur, elle se fit tant haïr, que sa propre mère la chassa de chez elle : et la
malheureuse, après avoir bien couru sans trouver personne qui voulût la recevoir,
alla mourir au coin d'un bois.

MORALITÉ

L'honnêteté coûte des soins
Et veut un peu de complaisance ;
Mais tôt ou tard elle a sa récompense,
Et souvent dans le temps qu'on y pense le moins.
Les diamants et les pistoles
Peuvent beaucoup sur les esprits ;
Cependant les douces paroles
Ont encor plus de force et sont d'un plus grand prix.

LA BARBE-BLEUE

L était une fois un homme qui avait de belles maisons à la ville et à la campagne, de la vaisselle d'or et d'argent, des meubles en broderie et des carrosses tout dorés. Mais, par malheur cet homme avait la barbe bleue : cela le rendait si laid et si terrible, qu'il n'était ni femme ni fille qui ne s'enfuit devant lui.

Une de ses voisines, dame de qualité, avait deux filles parfaitement belles. Il lui en demanda une en mariage, en lui laissant le choix de celle qu'elle voulait lui donner. Elles n'en voulaient point toutes deux, et se le renvoyèrent l'une à l'autre, ne pouvant se résoudre à prendre un homme qui eût la barbe bleue. Ce qui les dégoûtait encore, c'est qu'il avait déjà épousé plusieurs femmes, et qu'on ne savait pas ce que ces femmes étaient devenues.

Elles n'en voulaient point toutes deux.

La Barbe-Bleue, pour faire connaissance, les mena, avec leur mère et trois ou quatre de leurs meilleures amies, et quelques jeunes gens du voisinage, à une de ses maisons de campagne, où on demeura huit jours entiers. Ce n'était que promenades, que parties de chasse et de pêche, que danses et festins, que collations : on ne dormait point et on passait toute la nuit à se faire des malices les uns aux autres : enfin tout alla si bien, que la cadette commença à trouver que le maître du logis n'avait plus la barbe si bleue, et que c'était un fort honnête homme. Dès qu'on fut de retour à la ville, le mariage se conclut.

Au bout d'un mois, la Barbe-Bleue dit à sa femme qu'il était obligé de faire un voyage en province de six semaines au moins pour une affaire de conséquence ; qu'il la priait de se bien divertir pendant son absence ; qu'elle fît venir ses bonnes amies : qu'elle les menât à la campagne si elle voulait, que partout elle fît bonne chère. « Voilà, lui dit-il, les clefs des deux grands garde-meubles ; voilà celles de la vaisselle d'or et d'argent, qui ne sert pas tous les jours ; voilà celles de mes coffres-forts où est mon or et mon argent, celles de mes cassettes où sont mes pierreries ; et voilà le passe-partout de tous les appartements. Pour cette petite clef-ci, c'est la clef du cabinet du bout de la grande galerie de l'appartement bas : ouvrez tout, allez partout, mais, pour ce petit cabinet, je vous défends d'y entrer, et je vous le défends de telle sorte, que, s'il vous arrive de l'ouvrir, il n'y a rien que vous ne deviez attendre de ma colère. » Elle promit d'observer exactement tout ce qui lui venait d'être ordonné ; et lui, après l'avoir embrassée, monte dans son carrosse et part pour son voyage.

Les voisines et les bonnes amies n'attendirent pas qu'on les envoyât quérir pour aller chez la jeune mariée, tant elles avaient d'impatience de voir toutes les richesses de sa maison, n'ayant osé y venir pendant que le mari y était, à cause de sa barbe bleue, qui leur faisait peur.

Les voilà aussitôt à parcourir les chambres, les cabinets, les garde-robes, toutes plus belles et plus riches les unes que les autres. Elles montèrent ensuite aux garde-meubles, où elles ne pouvaient assez admirer le nombre et la beauté des tapisseries, des lits, des sophas, des cabinets, des guéridons, des tables et des miroirs où l'on se voyait depuis les pieds jusqu'à la tête, et dont les bordures, les unes de glace, les autres d'argent et de vermeil doré, étaient les plus belles et les plus magnifiques qu'on eût jamais vues : elles ne cessaient d'exagérer et d'envier le bonheur de leur amie, qui cependant ne se divertissait point à voir toutes ces richesses, à cause de l'impatience qu'elle avait d'aller ouvrir le cabinet de l'appartement du bas.

Elle fut si pressée de sa curiosité, que, sans considérer qu'il était malhonnête de quitter sa compagnie, elle descendit par un escalier dérobé, et avec tant de précipitation, qu'elle pensa se rompre le cou deux ou trois fois. Étant arrivée à la porte du cabinet, elle s'y arrêta quelque temps, songeant à la défense que son mari lui avait faite, et considérant qu'il pourrait lui arriver malheur d'avoir été désobéissante ; mais la tentation était si forte, qu'elle ne la put surmonter : elle prit donc la petite clef et ouvrit en tremblant la porte du cabinet.

D'abord elle ne vit rien, parce que les fenêtres étaient fermées. Après quelques moments, elle commença à voir que le plancher était tout couvert de sang caillé, dans lequel se miraient les corps de plusieurs femmes mortes, attachées le long des murs : c'étaient toutes les femmes que la Barbe-Bleue avait épousées, et qu'il avait égorgées l'une après l'autre. Elle pensa mourir de peur, et la clef du cabinet, qu'elle venait de retirer de la serrure, lui tomba de la main.

Après avoir un peu repris ses sens, elle ramassa la clef, referma la porte et monta à la chambre pour se remettre un peu ; mais elle n'en pouvait venir à bout, tant elle était émue.

Ayant remarqué que la clef du cabinet était tachée de sang, elle l'essuya deux ou trois fois ; mais le sang ne s'en allait point : elle eut beau la laver, et même la frotter avec du sable et du grès, il y demeura toujours du sang : car la clef était fée [1], et il n'y avait pas moyen de la nettoyer tout à fait : quand on ôtait le sang d'un côté, il revenait de l'autre...

Elle pensa mourir de peur.

La Barbe-Bleue revint de son voyage dès le soir même, et dit qu'il avait reçu des lettres en chemin qui lui avaient appris que l'affaire pour laquelle il était parti venait d'être terminée à son avantage.

Sa femme fit tout ce qu'elle put pour lui témoigner qu'elle était ravie de son prompt retour.

Le lendemain, il lui demanda les clefs, et elle les lui donna, mais d'une main si tremblante, qu'il devina sans peine tout ce qui s'était passé.

« D'où vient, lui dit-il, que la clef du cabinet n'est point avec les autres ?

— Il faut, dit-elle, que je l'ai laissée là-haut sur ma table.

— Ne manquez pas, dit la Barbe-Bleue, de me la donner tantôt. »

1. C'est-à-dire que la clef était un ouvrage de féerie. Elle était enchantée sans doute, comme la lampe merveilleuse, les anneaux enchantés et d'autres objets magiques, du genre des talismans.

Après plusieurs remises, il fallut apporter la clef.

La Barbe-Bleue, l'ayant considérée, dit à sa femme :

« Pourquoi y a-t-il du sang sur cette clef? — Je n'en sais rien, répondit la pauvre femme, plus pâle que la mort. — Vous n'en savez rien? reprit la Barbe-Bleue; je le sais bien, moi. Vous avez voulu entrer dans le cabinet. Eh bien ! Madame, vous y entrerez, et irez prendre votre place auprès des dames que vous y avez vues. »

Elle se jeta aux pieds de son mari en pleurant et en lui demandant pardon, avec toutes les marques d'un vrai repentir, de n'avoir pas été obéissante. Elle aurait attendri un rocher, belle et affligée comme elle était ; mais la Barbe-Bleue avait un cœur plus dur qu'un rocher. « Il faut mourir, Madame, lui dit-il, et tout à l'heure.

— Puisqu'il faut mourir, répondit-elle en le regardant les yeux baignés de larmes, donnez-moi un peu de temps pour prier Dieu.

— Je vous donne un demi-quart d'heure, reprit la Barbe-Bleue, mais pas un moment davantage. »

Lorsqu'elle fut seule, elle appela sa sœur et lui dit . « Ma sœur Anne (car elle s'appelait ainsi), monte, je te prie, sur le haut de la tour, pour voir si mes frères ne viennent point : ils m'ont promis qu'ils me viendraient voir aujourd'hui, et, si tu les vois, fais-leur signe de se hâter. »

La sœur Anne monta sur le haut de la tour ; et la pauvre affligée lui criait de temps en temps . « Anne, ma sœur Anne, ne vois-tu rien venir ? » Et la sœur Anne lui répondait . « Je ne vois rien que le soleil qui poudroie[1] et l'herbe qui verdoie[2]. »

Cependant la Barbe-Bleue, tenant un grand coutelas à sa main, criait de toute sa force . « Descends vite, ou je monterai là-haut ! — Encore un moment, s'il vous plaît, » lui répondit sa femme.

Et aussitôt elle criait tout bas   « Anne, ma sœur Anne, ne vois-tu rien venir ? »

Et la sœur Anne lui répondit   « Je ne vois rien que le soleil qui poudroie et l'herbe qui verdoie »

1 *Poudroyer*, darder, éblouir les yeux
2 *Verdoyer*, jeter un éclat vert

« Descends donc vite, cria la Barbe-Bleue, ou je monterai là-haut ! — Je m'en vais, » répondit la femme. Et puis elle criait : « Anne, ma sœur Anne, ne vois-tu rien venir ?

— Je vois, répondit la sœur Anne, une grosse poussière qui vient de ce côté-ci...

— Sont-ce mes frères ?

— Hélas ! non, ma sœur : je vois un troupeau de moutons...

— Ne veux-tu pas descendre ? criait la Barbe-Bleue.

— Encore un petit moment ? » répondit sa femme.

Et puis elle criait : « Anne, ma sœur Anne, ne vois-tu rien venir ?

— Je vois deux cavaliers qui viennent de ce côté : mais ils sont bien loin encore.

— Dieu soit loué ! s'écria-t-elle un moment après, ce sont mes frères.

— Je leur fais signe tant que je puis de se hâter.

La Barbe-Bleue se mit à crier si fort, que toute la maison en trembla. La pauvre femme descendit et alla se jeter à ses pieds tout éplorée et tout échevelée. « Cela ne sert de rien, dit la Barbe-Bleue ; il faut mourir ! » Puis, la prenant d'une main par les cheveux, et de l'autre levant le coutelas en l'air, il allait lui abattre la tête. La pauvre femme, se tournant vers lui et le regardant avec des yeux mourants, le pria de lui donner un petit moment pour se recueillir. « Non, non, dit-il, recommande-toi bien à Dieu... » Et levant son bras... Dans ce moment, on heurta si fort à la porte, que la Barbe-Bleue s'arrêta tout court. On ouvrit, et aussitôt on vit entrer deux cavaliers qui, mettant l'épée à la main, coururent droit à la Barbe-Bleue. Il reconnut que c'étaient les frères de sa femme,

Il la prit d'une main par les cheveux.

l'un dragon et l'autre mousquetaire, de sorte qu'il s'enfuit aussitôt pour se sauver ; mais les deux frères le poursuivirent de si près, qu'ils l'attrapèrent avant qu'il pût gagner le perron. Ils lui passèrent leurs épées au travers du corps et le laissèrent mort.

La pauvre femme était presque aussi morte que son mari, et n'avait pas la force de se lever pour embrasser ses frères.

Il se trouva que la Barbe-Bleue n'avait point d'héritier, et qu'ainsi sa femme demeura maîtresse de tous ses biens.

Elle en employa une partie à marier sa jeune sœur Anne avec un jeune gentilhomme dont elle était aimée depuis longtemps ; une autre partie à acheter des charges de capitaines à ses deux frères, et le reste à se marier elle-même à un fort honnête homme, qui lui fit oublier le mauvais temps qu'elle avait passé avec la Barbe-Bleue.

LA BELLE AU BOIS DORMANT

LA BELLE AU BOIS DORMANT

L y avait une fois un roi et une reine qui étaient si fâchés de n'avoir pas d'enfants, si fâchés qu'on ne saurait dire. Ils allèrent à toutes les eaux du monde : vœux, pèlerinages[1], tout fut mis en œuvre, et rien n'y faisait. Enfin pourtant la reine devint grosse et accoucha d'une fille. On fit un beau baptême : on donna pour marraines à la petite princesse toutes les fées qu'on put trouver dans le pays (il s'en trouva sept), afin que chacune d'elles faisant un don, comme c'était la coutume des fées en ce temps-là, la princesse eût, par ce moyen, toutes les perfections imaginables.

Après les cérémonies du baptême, toute la compagnie revint au palais du roi, où il y avait un grand festin pour les fées. On mit devant chacune d'elles un couvert magnifique, avec un étui d'or massif où il y avait une cuiller, une

La compagnie revint au palais du roi.

fourchette et un couteau de fin or, garni de diamants et de rubis. Mais, comme chacun prenait sa place à table, on vit entrer une vieille fée, qu'on n'avait point priée, parce qu'il y avait plus de cinquante ans qu'elle n'était sortie d'une tour, et qu'on la croyait morte ou enchantée. Le roi lui fit donner un couvert : mais il n'y

---

1. On allait en pèlerinage, pour avoir des enfants, à Notre-Dame de Liesse, à Saint-René en Anjou, à Saint-Guenolé en Bretagne, à Notre-Dame de Roquemadour en Querci, à Saint-Urbic en Auvergne, etc.

eut pas moyen de lui donner un étui d'or massif comme aux autres, parce que l'on n'en avait fait faire que sept pour les sept fées. La vieille crut qu'on la méprisait et grommela quelques menaces entre ses dents. Une des jeunes fées, qui se trouva auprès d'elle, l'entendit, et, jugeant qu'elle pourrait donner quelques fâcheux don à la princesse, alla, dès qu'on fut sorti de table, se cacher derrière la tapisserie, afin de parler la dernière, et de pouvoir réparer, autant qu'il serait possible, le mal que la vieille aurait fait.

Cependant, les fées commencèrent à faire leur don à la princesse. La plus jeune lui donna pour don qu'elle serait la plus belle personne du monde ; celle d'après qu'elle aurait de l'esprit comme un ange ; la troisième, qu'elle aurait une grâce admirable à tout ce qu'elle ferait ; la quatrième, qu'elle danserait parfaitement bien ; la cinquième, qu'elle chanterait comme un rossignol ; la sixième qu'elle jouerait de toutes sortes d'instruments dans la dernière perfection. Le rang de la vieille fée étant venu, elle dit, en branlant la tête, avec plus de dépit que de vieillesse, que la princesse se percerait la main d'un fuseau, et qu'elle en mourrait.

Ce terrible don fit frémir toute la compagnie et il n'y eut personne qui ne pleurât. Dans ce moment la jeune fée sortit de derrière la tapisserie, et dit tout haut ces paroles : « Rassurez-vous, roi et reine, votre fille n'en mourra point, il est vrai que je n'ai pas assez de puissance pour défaire entièrement ce que mon ancienne a fait la princesse se percera la main d'un fuseau ; mais, au lieu d'en mourir, elle tombera seulement dans un profond sommeil qui durera cent ans, au bout desquels le fils d'un roi viendra la réveiller. »

Le roi, pour tâcher d'éviter le malheur annoncé par la vieille, fit publier un édit par lequel il défendait à toutes personnes de filer au fuseau, ni d'avoir du fuseau chez soi, sous peine de la vie.

Au bout de quinze ou seize ans, le roi et la reine étant allés à une de leurs maisons de plaisance, il arriva que la jeune princesse, courant un jour dans le château, et montant de chambre en chambre, alla jusqu'au haut d'un donjon, dans un petit galetas où une bonne vieille était à filer sa quenouille. Cette bonne femme n'avait point ouï parler des défenses que le roi avait faites de filer au fuseau. « Que faites-vous là, ma bonne femme ? dit la princesse. — Je file, ma belle enfant, lui répondit la vieille, qui ne la connaissait pas. — Ah ! que cela est joli ! reprit la princesse ; comment faites-vous ? donnez-moi que je voie si j'en ferais autant. Elle n'eut pas plus tôt pris le fuseau, que, comme elle était trop vive, un peu étourdie, et que d'ailleurs l'arrêt des fées l'ordonnait ainsi, elle s'en perça la main et tomba évanouie.

La bonne vieille, bien embarrassée, crie au secours : on vient de tous côtés : on jette de l'eau au visage de la princesse, on la délace, on lui frappe dans les mains, on lui frotte les tempes avec de l'eau de la reine de Hongrie [1] ; mais rien ne la faisait revenir.

Alors le roi, qui était monté au bruit, se souvint de la prédiction des fées, et, jugeant bien qu'il fallait que cela arrivât puisque les fées l'avaient dit, fit mettre la princesse dans le plus bel appartement du palais, sur un lit en broderie d'or et d'argent. On eût dit un ange, tant elle était belle ; car son évanouissement n'avait point ôté les couleurs vives de son teint : ses joues étaient incarnates, et ses lèvres comme du corail ; elle avait seulement les yeux fermés, mais on l'entendait respirer tout doucement, ce qui faisait voir qu'elle n'était pas morte.

Elle tomba évanouie.

Le roi ordonna qu'on la laissât dormir en repos, jusqu'à ce que son heure de se réveiller fût venue. La bonne fée qui lui avait sauvé la vie en la condamnant à dormir cent ans était dans le royaume de Mataquin, à douze mille lieues de là, lorsque l'accident arriva à la princesse ; mais elle en fut avertie en un instant par un petit nain qui avait des bottes de sept lieues (c'étaient des bottes avec lesquelles on faisait sept lieues d'une seule enjambée). La fée partit aussitôt, on la vit, au bout d'une heure, arriver dans un chariot tout de feu, traîné par des dragons. Le roi lui alla présenter la main à la descente du chariot. Elle approuva tout ce qu'il avait fait ; mais comme elle était grandement prévoyante, elle pensa que, quand la princesse viendrait à se réveiller, elle serait bien embarrassée toute seule dans ce grand château : voici ce qu'elle fit. Elle toucha de sa baguette tout ce qui était dans le château (hors le roi et la reine), gouvernantes, filles d'honneur, femmes de chambre, gentilshommes, officiers, maîtres d'hôtel, cuisiniers, marmitons, galopins, gardes, suisses, pages, valets de

1. Cette eau doit son nom à sainte Élisabeth, reine de Hongrie.

pied : elle toucha aussi tous les chevaux qui étaient dans les écuries, avec les pale-
freniers, les gros mâtins de la basse-cour et la petite Pouffe, petite chienne de la
princesse, qui était auprès d'elle sur son lit. Dès qu'elle les eut touchés, ils s'endormirent tous, pour ne se réveiller qu'en même temps que leur maîtresse, afin d'être
tout prêts à la servir quand elle en aurait besoin. Les broches mêmes, qui étaient au
feu, toutes pleines de perdrix et de faisans, s'endormirent, et le feu aussi. Tout cela
se fit en un moment : les fées n'étaient pas longues à leur besogne.

Alors le roi et la reine, après avoir baisé leur chère enfant, sans qu'elle s'éveillât,

Il marcha vers le château.

sortirent du château et firent publier des défenses à qui que ce fût d'en approcher.
Ces défenses n'étaient pas nécessaires ; car il poussa, dans un quart d'heure, tout
autour du parc, une si grande quantité de grands arbres et de petits, de ronces et
d'épines entrelacées les unes dans les autres, que bête ni homme n'y auraient pu passer ;
en sorte qu'on ne voyait plus que le haut des tours du château, encore n'était-ce que
de bien loin. On ne douta point que la fée n'eût encore fait là un tour de son métier,
afin que la princesse, pendant qu'elle dormirait, n'eût rien à craindre des curieux.

Au bout de cent ans, le fils du roi qui régnait alors, et qui était d'une autre famille
que la princesse endormie, étant allé à la chasse de ce côté-là, demanda ce que c'était
que des tours qu'il voyait au-dessus d'un grand bois fort épais. Chacun lui répondit
selon qu'il en avait ouï parler : les uns disaient que c'était un vieux château où il

revenait des esprits ; les autres, que tous les sorciers de la contrée y faisaient leur sabbat. La plus commune opinion était qu'un ogre y demeurait, et que là il emportait tous les enfants qu'il pouvait attraper, pour les pouvoir manger à son aise, et sans qu'on pût le suivre, ayant seul le pouvoir de se faire un passage au travers du bois.

Le prince ne savait qu'en croire, lorsqu'un vieux paysan prit la parole et lui dit : « Mon prince, il y a plus de cinquante ans que j'ai ouï dire à mon père qu'il y avait dans ce château une princesse, la plus belle qu'on eût su voir ; qu'elle y devait dormir cent ans, et qu'elle serait réveillée par le fils d'un roi, à qui elle était réservée. »

Le jeune prince, à ce discours, se sentit tout de feu ; il crut, sans balancer, qu'il mettrait fin à une si belle aventure ; et poussé par l'amour et par la gloire, il résolut de voir sur-le-champ ce qui en était. A peine s'avança-t-il vers le bois que tous ces grands arbres, ces ronces et ces épines s'écartèrent d'eux-mêmes pour le laisser passer. Il marcha vers le château, qu'il voyait au bout d'une grande avenue où il entra ; et, ce qui le surprit un peu, il vit que personne de ses gens ne l'avait pu suivre, parce que les arbres s'étaient rapprochés dès qu'il avait été passé. Il ne laissa pas de continuer son chemin : un

Il se mit à genoux auprès d'elle.

prince jeune et amoureux est toujours vaillant. Il entra dans une grande avant-cour, où tout ce qu'il vit d'abord était capable de le glacer de crainte. C'était un silence affreux : l'image de la mort s'y présentait partout ; ce n'étaient que des corps étendus d'hommes et d'animaux qui paraissaient morts. Il reconnut pourtant bien, aux nez bourgeonnés et à la face vermeille des suisses, qu'ils n'étaient qu'endormis ; et leurs tasses, où il y avait encore quelques gouttes de vin, montraient assez qu'ils s'étaient endormis en buvant.

Il passe une grande cour pavée de marbre, il monte l'escalier ; il entre dans la salle des gardes, qui étaient rangés en haie, la carabine sur l'épaule, et ronflant de leur mieux. Il traverse plusieurs chambres, pleines de gentilshommes et de dames, dormant tous, les uns debout, les autres assis. Il entra dans une chambre toute dorée, et il vit sur un lit, dont les rideaux étaient ouverts de tous côtés, le plus beau spectacle qu'il eût jamais vu : une princesse qui paraissait avoir quinze ou seize ans, et dont l'éclat resplendissant avait quelque chose de lumineux et de divin. Il s'approcha en tremblant et en admirant, et il se mit à genoux auprès d'elle.

3

Alors, comme la fin de l'enchantement était venue, la princesse s'éveilla ; et, le regardant avec des yeux plus tendres qu'une première vue ne semblait le permettre . « Est-ce vous, mon prince ? lui dit-elle, vous vous êtes bien fait attendre » Le prince, charmé de ces paroles, et plus encore de la manière dont elles étaient dites, ne savait comment lui témoigner sa joie et sa reconnaissance ; il l'assura qu'il l'aimait plus que lui-même. Ses discours furent mal rangés ; ils en plurent davantage : peu d'éloquence, beaucoup d'amour . Il était plus embarrassé qu'elle, et l'on ne doit pas s'en étonner : elle avait eu le temps de songer à ce qu'elle aurait à lui dire ; car il y a apparence (l'histoire n'en dit pourtant rien) que la bonne fée, pendant un si long sommeil, lui avait procuré le plaisir des songes agréables. Enfin, il y avait quatre heures qu'ils se parlaient, et ils ne s'étaient pas dit la moitié des choses qu'ils avaient à se dire.

Cependant tout le palais s'était réveillé avec la princesse . chacun songeait à faire sa charge : et, comme ils n'étaient pas tous amoureux, ils mouraient de faim. La dame d'honneur, pressée comme les autres, s'impatienta, et dit tout haut à la princesse que la viande était servie. Le prince aida la princesse à se lever elle était tout habillée, fort magnifiquement, mais il se garda bien de lui dire qu'elle était habillée comme ma mère-grand, et qu'elle avait un collet monté [1] : elle n'en était pas moins belle.

Ils passèrent dans un salon de miroirs, et y soupèrent, servis par les officiers de la princesse. Les violons et les hautbois jouèrent de vieilles pièces, mais excellentes, quoiqu'il y eût près de cent ans qu'on ne les jouât plus , et après souper, sans perdre de temps, le grand aumônier les maria dans la chapelle du château, et la dame d'honneur leur tira le rideau. Ils dormirent peu, la princesse n'en avait pas grand besoin, et le prince la quitta dès le matin pour retourner à la ville où son père devait être en peine de lui.

Le prince lui dit qu'en chassant il s'était perdu dans la forêt, et qu'il avait couché dans la hutte d'un charbonnier, qui lui avait fait manger du pain noir et du fromage Le roi son père, qui était un bon homme, le crut, mais sa mère n'en fut pas bien persuadée, et, voyant qu'il allait presque tous les jours à la chasse, et qu'il avait toujours une raison en main pour s'excuser quand il avait couché deux ou trois nuits dehors, elle ne douta plus qu'il n'eût quelque amourette ; car il vécut avec la

---

1 Mode du temps de Henri IV cette mode avait un siècle au moment ou l'auteur écrivait

princesse plus de deux ans entiers, et eut deux enfants dont le premier, qui était une fille, fut nommée l'*Aurore*, et le second un fils qu'on nomma le *Jour*, parce qu'il paraissait encore plus beau que sa sœur. La reine dit plusieurs fois à son fils, pour le faire expliquer, qu'il fallait se contenter dans la vie, mais il n'osa jamais se fier à elle de son secret : il la craignait quoiqu'il l'aimât, car elle était de race ogresse, et le roi ne l'avait épousée qu'à cause de ses grands biens. On disait même tout bas à la cour qu'elle avait les inclinations des ogres, et qu'en voyant passer de petits enfants, elle avait toutes les peines du monde à se retenir de se jeter sur eux : aussi le prince ne voulait jamais rien dire.

Mais quand le roi fut mort, ce qui arriva au bout de deux ans, et qu'il se vit le maître, il déclara publiquement son ma-
riage, et alla en grande cérémonie quérir la reine sa femme, dans son château. On lui fit une entrée magnifique dans la ville capitale, où elle entra au milieu de toute la cour.

Quelque temps après, le roi alla faire la guerre à l'empereur Cantalabutte, son voisin. Il laissa la régence du royaume à la reine sa mère, et lui recommanda fort

On lui fit une entrée magnifique.

sa femme et ses enfants : il devait être à la guerre tout l'été et, dès qu'il fut parti, la reine mère envoya sa bru et ses enfants à une maison de campagne dans les bois, pour pouvoir plus aisément assouvir son horrible envie. Elle y alla quelques jours après, et dit un soir à son maître d'hôtel : « Je veux manger demain à mon dîner la petite Aurore. — Ah ! Madame, dit le maître d'hôtel... — Je le veux, dit la reine (et elle le dit d'un ton d'ogresse qui a envie de manger de la chair fraîche), et je la veux manger à la sauce Robert[1]. »

Ce pauvre homme, voyant bien qu'il ne fallait pas se jouer à une ogresse, prit son grand couteau, et monta à la chambre de la petite Aurore : elle avait pour lors quatre ans, et vint en sautant et en criant se jeter à son cou, et lui demander du bonbon. Il se mit à pleurer : le couteau lui tomba des mains, et il alla dans la basse-

1. Sauce inventée par un cuisinier nommé Robert, du temps de Louis XIV.

cour pour couper la gorge à un petit agneau, et lui fit une si bonne sauce que sa maîtresse l'assura qu'elle n'avait jamais rien mangé de si bon. Il avait emporté en même temps la petite Aurore et l'avait donnée à sa femme, pour la cacher dans le logement qu'elle avait au fond de la basse-cour.

Huit jours après, la méchante reine dit à son maître d'hôtel : « Je veux manger à mon souper le petit Jour. » Il ne répliqua pas, résolu de la tromper comme l'autre fois.

Il alla chercher le petit Jour, et le trouva avec un petit fleuret à la main, dont il faisait des armes avec un gros singe : il n'avait pourtant que trois ans. Il le porta à sa femme, qui le cacha avec la petite Aurore, et donna à la place du petit Jour un petit chevreau fort tendre, que l'ogresse trouva admirablement bon.

Cela était fort bien allé jusque-là ; mais, un soir, cette méchante reine dit au maître d'hôtel : « Je veux manger la reine à la même sauce que ses enfants. » Ce fut alors que le pauvre maître d'hôtel désespéra de la pouvoir encore tromper. La jeune reine avait vingt ans passés, sans compter les cent ans qu'elle avait dormi : sa peau était un peu dure, quoique belle et blanche ; et le moyen de trouver dans la ménagerie une bête aussi dure que cela ? Il prit la résolution, pour sauver sa vie, de couper la gorge à la reine, et monta dans sa chambre, dans l'intention de n'en pas faire à deux fois. Il s'excitait à la fureur, et entra, le poignard à la main, dans la chambre de la jeune reine : il ne voulut pourtant point la surprendre, et lui dit avec beaucoup de respect l'ordre qu'il avait reçu de la reine mère. « Faites, faites, lui dit-elle, en lui tendant le cou, exécutez l'ordre qu'on vous a donné ; j'irai revoir mes enfants, mes pauvres enfants que j'ai tant aimés. » Elle les croyait morts depuis qu'on les avait enlevés sans lui rien dire.

« Non, non, madame, lui répondit le pauvre maître d'hôtel tout attendri, vous ne mourrez point, et vous ne laisserez pas d'aller revoir vos enfants, mais ce sera chez moi où je les ai cachés, et je tromperai encore la reine, en lui faisant manger une jeune biche en votre place. » Il la mena aussitôt à sa chambre, où, la laissant embrasser ses enfants et pleurer avec eux, il alla accommoder une biche, que la reine mangea à son souper, avec le même appétit que si c'eût été la reine : elle était bien contente de sa cruauté, et elle se préparait à dire au roi, à son retour, que des loups enragés avaient mangé la reine et ses deux enfants.

Un soir qu'elle rôdait à son ordinaire dans les cours et basses-cours du château

pour y halener[1] quelque viande fraîche, elle entendit, dans une salle basse, le petit
Jour qui pleurait, parce que la reine sa mère voulait le faire fouetter, à cause qu'il avait
été méchant ; et elle entendit aussi la petite Aurore qui demandait pardon pour son
frère. L'ogresse reconnut la voix de la reine et de ses enfants ; et, furieuse d'avoir été
trompée, elle commanda dès le lendemain au
matin, avec une voix épouvantable, qui faisait
trembler tout le monde, qu'on apportât au milieu
de la cour une grande cuve, qu'elle fit remplir
de crapauds, de vipères, de couleuvres et de ser-
pents, pour y faire jeter la reine et ses enfants, le
maître d'hôtel, sa femme et sa servante : elle
avait donné ordre de les amener les mains liées
derrière le dos.

Elle se jeta elle-même la tête la première dans la cuve

Ils étaient là, et les bourreaux se préparaient à les jeter dans la cuve, lorsque le
roi, qu'on n'attendait pas si tôt, entra dans la cour, à cheval : il était venu en
poste, et demanda tout étonné ce que voulait dire cet horrible spectacle. Personne
n'osait l'en instruire, quand l'ogresse, enragée de voir ce qu'elle voyait, se jeta elle-
même la tête la première dans la cuve, et fut dévorée en un instant par les vilaines
bêtes qu'elle y avait fait mettre. Le roi ne laissa pas d'en être fâché : elle était
sa mère ; mais il s'en consola bientôt avec sa belle femme et ses enfants.

J. Flairer.

LE MAITRE CHAT

ou

LE CHAT BOTTÉ

——— ——

 n meunier ne laissa pour tous biens, à trois enfants qu'il avait,
que son moulin, son âne et son chat. Les partages furent bientôt
faits : ni le notaire ni le procureur n'y furent point appelés. Ils
auraient eu bientôt mangé tout le pauvre patrimoine. L'aîné eut
le moulin, le second l'âne, et le plus jeune n'eut que le chat.

Ce dernier ne pouvait se consoler d'avoir un si pauvre lot : mes frères, disait-il,
pourront gagner leur vie honnêtement en se mettant ensemble : pour moi,
lorsque j'aurai mangé mon chat, et que je me serai fait un manchon de sa peau,
il faudra que je meure de faim. »

Le chat, qui entendit ce discours, mais n'en fit pas semblant, lui dit d'un air
posé et sérieux : « Ne vous affligez pas, mon maître. vous n'avez qu'à me donner
un sac, et me faire faire une paire de bottes, pour aller dans les broussailles, et vous
verrez que vous n'êtes pas si mal partagé que vous croyez. » Quoique le maître du
chat ne fît pas grand fonds là-dessus, il lui avait vu faire tant de tours de
souplesse pour prendre des rats et des souris, comme quand il se pendait par
les pieds. ou qu'il se cachait dans la farine pour faire le mort[1]. qu'il ne désespéra
pas d'en être secouru dans sa misère.

---

1 Allusion à la fable dernière du troisième livre de la Fontaine *le Chat et le vieux Rat*

Lorsque le chat eut ce qu'il avait demandé, il se botta bravement ; et, mettant son sac à son cou, il en prit les cordons avec ses deux pattes de devant, et s'en alla dans une garenne où il y avait grand nombre de lapins. Il mit du son et des lacerons[1] dans son sac, et s'étendant comme s'il eût été mort, il attendit que quelque jeune lapin, peu instruit encore des ruses de ce monde, vînt se fourrer dans son sac, pour manger ce qu'il y avait mis.

A peine fut-il couché, qu'il eut contentement : un jeune étourdi de lapin entra dans son sac, et le maître chat, tirant aussitôt les cordons, le prit et le tua sans miséricorde.

Tout glorieux de sa proie, il s'en alla chez le roi, et demanda à lui parler. On le fit monter à l'appartement de Sa Majesté, où, étant entré, il fit une grande révérence au roi et lui dit : « Voilà, Sire, un lapin de garenne que M. le marquis de Carabas (c'était le nom qu'il lui prit en gré de donner à son maître), m'a chargé de vous présenter de sa part. — Dis à ton maître, répondit le roi, que je le remercie, et qu'il me fait plaisir. »

Une autre fois, il alla se cacher dans un blé, tenant toujours son sac ouvert, et lorsque deux perdrix y furent entrées, il tira

Vous n'avez qu'à me faire faire une paire de bottes

les cordons et les tua tous les deux. Il alla ensuite les présenter au roi, comme il avait fait du lapin de garenne. Le roi reçut encore avec plaisir les deux perdrix, et il lui fit donner pour boire.

Le chat continua ainsi, pendant deux ou trois mois, de porter de temps en temps, au roi, du gibier de la chasse de son maître. Un jour qu'il sut que le roi devait aller à la promenade, sur le bord de la rivière, avec sa fille, la plus belle princesse du monde, il dit à son maître : « Si vous voulez suivre mon conseil, votre fortune est faite : vous n'avez qu'à vous baigner dans la rivière, à l'endroit que je vous montrerai, et ensuite me laisser faire. »

1. Plante laiteuse qu'on donne aux lapins dans les campagnes.

Le marquis de Carabas fit ce que son chat lui conseillait, sans savoir à quoi cela serait bon. Dans le temps qu'il se baignait, le roi vint à passer et le chat se mit à crier de toute sa force : « Au secours ! au secours ! Voilà M. le marquis de Carabas qui se noie ! » A ce cri, le roi mit la tête à la portière et, reconnaissant le chat qui lui avait apporté tant de fois du gibier, il ordonna à ses gardes qu'on allât vite au secours de M. le marquis de Carabas.

Pendant qu'on retirait le pauvre marquis de la rivière, le chat, s'approchant du carrosse, dit au roi que, dans les temps que son maître se baignait, il était venu des voleurs qui avaient emporté ses habits, quoiqu'il eût crié *au voleur !* de toute sa force ; le drôle les avait cachés sous une grosse pierre. Le roi ordonna aussitôt

aux officiers de sa garde-robe d'aller quérir un de ses plus beaux habits, pour M. le marquis de Carabas. Le roi lui fit mille caresses : et comme les beaux habits qu'on venait de lui donner relevaient sa bonne mine (car il était beau et bien fait de sa personne), la fille du roi le trouva fort à son gré, et le marquis de Carabas ne lui eut pas plus tôt jeté deux ou trois regards fort respectueux et un peu tendres, qu'elle en devint amoureuse à la folie.

Vous serez tous hachés comme chair à pâté.

Le roi voulut qu'il montât dans son carrosse, et qu'il fût de la promenade. Le chat, ravi de voir que son dessein commençait à réussir, prit les devants : et, ayant rencontré des paysans qui fauchaient un pré, il leur dit : « Bonnes gens qui fauchez, si vous ne dites au roi que le pré que vous fauchez appartient à M. le marquis de Carabas, vous serez tous hachés menu comme chair à pâté. »

Le roi ne manqua pas de demander aux faucheurs à qui était ce pré qu'ils fauchaient : « C'est à M. le marquis de Carabas, » dirent-ils tous ensemble, car la menace du chat leur avait fait peur. « Vous avez là un bel héritage, dit le roi au marquis de Carabas. — Vous voyez, Sire, répondit le marquis, c'est un pré qui ne manque point de rapporter abondamment toutes les années. »

Le maître chat, qui allait toujours devant, rencontra des moissonneurs, et leur dit « Bonnes gens qui moissonnez, si vous ne dites que tous ces blés appartiennent à M. le marquis de Carabas, vous serez tous hachés menu comme chair à pâté. » Le roi, qui passa un moment après, voulut savoir à qui appartenaient tous les blés qu'il voyait. « C'est à M. le marquis de Carabas, » répondirent les moissonneurs; et le roi s'en réjouit encore avec le marquis. Le chat, qui allait devant le carrosse disait toujours la même chose à tous ceux qu'il rencontrait, et le roi était étonné des grands biens du marquis de Carabas.

Le maître chat arriva enfin dans un beau château, dont le maître était un ogre, le plus riche qu'on ait jamais vu, car toutes les terres par où le roi avait passé étaient de la dépendance de ce château. Le chat eut soin de s'informer qui était cet ogre et ce qu'il savait faire, et demanda à lui parler, disant qu'il n'avait pas voulu passer si près de son château sans avoir l'honneur de lui faire la révérence.

L'ogre le reçut aussi civilement que le peut un ogre, et le fit reposer. « On m'a assuré, dit le chat, que vous aviez le don de vous changer en toutes sortes d'animaux; que vous pouviez, par exemple, vous transformer en lion, en éléphant. — Cela est vrai, répondit l'ogre brusquement, et, pour vous le montrer, vous m'allez voir devenir lion. » Le chat fut si effrayé de voir un lion devant lui, qu'il gagna aussitôt les gouttières, non sans peine et sans péril, à cause de ses bottes, qui ne valaient rien pour marcher sur les tuiles.

Quelque temps après, le chat ayant vu que l'ogre avait quitté sa première forme, descendit, et avoua qu'il avait eu bien peur. « On m'a assuré encore, dit le chat, mais je ne saurais le croire, que vous aviez aussi le pouvoir de prendre la forme des plus petits animaux; par exemple, de vous changer en un rat, en une souris; je vous avoue que je tiens cela tout à fait impossible. — Impossible? reprit l'ogre; vous allez voir. » Et en même temps il se changea en une souris qui se mit à courir sur le plancher. Le chat ne l'eut pas plus tôt aperçue, qu'il se jeta dessus et la mangea.

Cependant le roi, qui vit, en passant, le beau château de l'ogre, voulut entrer dedans. Le chat, qui entendit le bruit du carrosse qui passait sur le pont-levis, courut au-devant et dit au roi : « Votre Majesté soit la bienvenue dans ce château de M. le marquis de Carabas. — Comment, monsieur le marquis, s'écria le roi, ce château est encore à vous? Il ne se peut rien de plus beau que cette cour et que tous ces bâtiments qui l'environnent, voyons les dedans, s'il vous plaît. »

i

Le marquis donna la main à la jeune princesse ; et, suivant le roi qui montait le premier, ils entrèrent dans une grande salle, où ils trouvèrent une magnifique collation, que l'ogre avait fait préparer pour ses amis, qui le devaient venir voir ce même jour-là, mais qui n'avaient osé entrer, sachant que le roi y était. Le roi, charmé des bonnes qualités de M. le marquis de Carabas, de même que sa fille, qui en était folle, et voyant les grands biens qu'il possédait, lui dit, après avoir bu cinq ou six coups : « Il ne tiendra qu'à vous, monsieur le marquis, que vous ne soyez mon gendre. » Le marquis, faisant de grandes révérences, accepta l'honneur que lui faisait le roi ; et dès le même jour il épousa la princesse. Le chat devint grand seigneur et ne courut plus après les souris que pour se divertir.

CENDRILLON

LA PETITE PANTOUFLE DE VERRE

L était une fois un gentilhomme qui épousa en secondes noces une femme, la plus hautaine et la plus fière qu'on eût jamais vue. Elle avait deux filles de son humeur, et qui lui ressemblaient en toutes choses. Le mari avait de son côté une jeune fille, mais d'une douceur et d'une bonté sans exemple : elle tenait cela de sa mère, qui était la meilleure personne du monde.

Les noces ne furent pas plus tôt faites, que la belle-mère fit éclater sa mauvaise humeur : elle ne put souffrir les bonnes qualités de cette jeune enfant, qui rendaient ses filles encore plus haïssables. Elle la chargea des plus viles occupations de la maison : c'était elle qui nettoyait la vaisselle et les montées[1], qui frottait la chambre de madame et celles de mesdemoiselles ses filles : elle couchait tout au haut de la maison, dans un grenier, sur une méchante paillasse, pendant que ses sœurs étaient dans des chambres parquetées, où elles avaient des lits des plus à la mode, et des miroirs où elles se voyaient depuis les pieds jusqu'à la tête. La pauvre fille souffrait tout avec patience, et n'osait se plaindre à son père, qui l'aurait grondée, parce que sa femme le gouvernait entièrement.

Lorsqu'elle avait fait son ouvrage, elle allait se mettre au coin de la cheminée, et s'asseoir dans les cendres, ce qui faisait qu'on l'appelait communément dans le logis

1. Les marches des escaliers.

Cucendron. La cadette, qui n'était pas si malhonnête que son aînée, l'appelait *Cendrillon*. Cependant Cendrillon, avec ses méchants habits, ne laissait d'être cent fois plus belle que ses sœurs, quoique vêtues magnifiquement.

Il arriva que le fils du roi donna un bal, et qu'il en pria toutes les personnes de qualité. Nos deux demoiselles en furent aussi priées, car elles faisaient grande figure dans le pays. Les voilà bien aises et bien occupées à choisir les habits et les coiffures qui leur siéraient le mieux. Nouvelle peine pour Cendrillon, car c'était elle qui repassait le linge de ses sœurs, et qui godronnait[1] leurs manchettes. On ne parlait que de

la manière dont on s'habillerait. « Moi, dit l'aînée, je mettrai mon habit de velours rouge et ma garniture d'Angleterre. — Moi, dit la cadette, je n'aurai que ma jupe ordinaire ; mais, en récompense, je mettrai mon manteau à fleurs d'or et ma barrière[2] de diamants, qui n'est pas des plus indifférentes. » On envoya quérir la bonne coiffeuse pour dresser les cornettes à deux rangs, et on fit acheter des mouches de la bonne faiseuse[3]. Elles appelèrent Cendrillon pour lui demander son avis · car elle avait le

Elle allait s'asseoir dans les cendres

goût bon. Cendrillon les conseilla le mieux du monde, et s'offrit même à les coiffer, ce qu'elles voulurent bien.

En les coiffant, elles lui disaient : « Cendrillon, serais-tu bien aise d'aller au bal? — Hélas ! mesdemoiselles, vous vous moquez de moi : ce n'est pas là ce qu'il me faut. — Tu as raison, on rirait si on voyait un Cucendron aller au bal. »

Une autre que Cendrillon les aurait coiffées de travers, mais elle était bonne : elle les coiffa parfaitement bien. Elles furent près de deux jours sans manger, tant elles étaient transportées de joie. On rompit plus de douze lacets, à force de les serrer, pour leur rendre la taille plus menue, et elles étaient toujours devant leur miroir.

Enfin l'heureux jour arriva, on partit, et Cendrillon les suivit des yeux, le plus longtemps qu'elle put. Lorsqu'elle ne les vit plus, elle se mit à pleurer. Sa marraine,

1 Empesait
2 Bandeau
3 Ce sont les modes du temps où l'auteur écrivait

qui la vit toute en pleurs, lui demanda ce qu'elle avait. « Je voudrais bien ... je voudrais bien... » Elle pleurait si fort qu'elle ne put achever. Sa marraine, qui était fée, lui dit : « Tu voudrais bien aller au bal, n'est-ce pas? — Hélas! oui, dit Cendrillon en soupirant. — Eh bien seras-tu bonne fille? dit sa marraine : je t'y ferai aller. » Elle la mena dans sa chambre, et lui dit : « Va dans le jardin, et apporte-moi une citrouille. » Cendrillon alla aussitôt cueillir la plus belle qu'elle put trouver, et la porta à sa marraine, ne pouvant deviner comment cette citrouille pourrait la faire aller au bal. Sa marraine la creusa, et, n'ayant laissé que l'écorce, la frappa de sa baguette, et la citrouille fut aussitôt changée en un beau carrosse tout doré.

Ensuite elle alla regarder dans la souricière, où elle trouva six souris toutes en vie. Elle dit à Cendrillon de lever la trappe de la souricière, et à chaque souris qui sortait elle lui donnait un coup de sa baguette, et la souris était aussitôt changée en un beau cheval, ce qui fit un bel attelage de six chevaux d'un beau gris de souris pommelé.

Comme elle était en peine de quoi elle ferait un cocher : « Je vais voir, dit Cendrillon, s'il n'y a pas quelque rat dans la ratière, nous en ferons un cocher. — Tu as raison, dit sa marraine : va voir. » Cendrillon lui apporta la ratière, où il y avait trois gros rats. La fée en prit un d'entre les trois, à cause de sa maîtresse barbe, et, l'ayant touché, il fut changé en un gros cocher, qui avait les plus belles moustaches qu'on ait jamais vues.

Ensuite elle lui dit : « Va dans le jardin tu y trouveras six lézards, derrière l'arrosoir; apporte-les-moi. » Elle ne les eut pas plus tôt apportés que la marraine les changea en six laquais, qui montèrent aussitôt derrière le carrosse avec leurs habits chamarrés, et qui s'y tenaient attachés comme s'ils n'eussent fait autre chose de toute leur vie.

La fée dit alors à Cendrillon : « Eh bien, voilà de quoi aller au bal, n'es-tu pas bien aise? — Oui, mais est-ce que j'irai comme cela, avec mes vilains habits? » Sa marraine ne fit que la toucher avec sa baguette et en même temps ses habits furent changés en des habits d'or et d'argent, tout chamarrés de pierreries. Elle lui donna ensuite une paire de pantoufles de verre, les plus jolies du monde. Quand elle fut ainsi parée, elle monta en carrosse; mais sa marraine lui recommanda, sur toutes choses, de ne pas passer minuit, l'avertissant que, si elle demeurait au bal un moment davantage, son carrosse redeviendrait citrouille, ses chevaux des souris, ses laquais des lézards, et que ses vieux habits reprendraient leur première forme.

Elle promit à sa marraine qu'elle ne manquerait pas de sortir du bal avant minuit. Elle part, ne se sentant pas de joie. Le fils du roi, qu'on alla avertir qu'il venait d'arriver une grande princesse qu'on ne connaissait point, courut la recevoir. Il lui donna la main à la descente du carrosse, et la mena dans la salle où était la compagnie. Il se fit alors un grand silence : on cessa de danser, et les violons ne jouèrent plus, tant on était attentif à contempler les grandes beautés de cette inconnue. On n'entendait qu'un bruit confus : « Ah ! qu'elle est belle ! » Le roi même, tout vieux qu'il était, ne laissait pas de la regarder, et de dire tout bas à la reine qu'il y avait longtemps qu'il n'avait vu une si belle et si aimable personne. Toutes les dames

Le fils du roi courut la recevoir.

étaient attentives à considérer sa coiffure et ses habits, pour en avoir, dès le lendemain, de semblables, pourvu qu'il se trouvât des étoffes assez belles et des ouvriers assez habiles.

Le fils du roi la mit à la place la plus honorable, et ensuite la prit pour la mener danser. Elle dansa avec tant de grâce, qu'on l'admira encore davantage. On apporta une fort belle collation, dont le jeune prince ne mangea point, tant il était occupé à la considérer. Elle alla s'asseoir auprès de ses sœurs, et leur fit mille honnêtetés, elle leur fit part des oranges et des citrons que le prince lui avait donnés, ce qui les étonna fort, car elles ne la connaissaient point.

Cendrillon entendit sonner onze heures trois quarts, elle fit aussitôt une grande révérence à la compagnie, et s'en alla le plus vite qu'elle put. Dès qu'elle fut arrivée, elle alla trouver sa marraine, et, après l'avoir remerciée, elle lui dit qu'elle souhaiterait bien aller encore le lendemain au bal, parce que le fils du roi l'en avait priée. Comme elle était occupée à raconter à sa marraine tout ce qui s'était passé au bal, les deux sœurs heurtèrent à la porte. Cendrillon leur alla ouvrir. « Que vous êtes longtemps à venir ! » leur dit-elle en bâillant, en se frottant les yeux et en s'étendant comme si elle n'eût fait que de se réveiller : elle n'avait cependant pas eu envie de dormir depuis qu'elles s'étaient quittées. « Si tu étais venue au bal, lui dit une de ses sœurs, tu ne t'y serais pas ennuyée : il est venu la plus belle princesse, la plus belle qu'on puisse jamais voir, elle nous a fait mille civilités ; elle nous a donné des oranges et des citrons. »

Cendrillon ne se sentait pas de joie ; elle leur demanda le nom de cette princesse mais elles lui répondirent qu'on ne la connaissait pas, que le fils du roi en était fort en peine, et qu'il donnerait toute chose au monde pour savoir qui elle était. Cendrillon sourit, et leur dit : « Elle était donc bien belle ? Mon Dieu ! que vous êtes heureuses ! ne pourrais-je donc pas la voir ? Hélas ! mademoiselle Javotte, prêtez-moi votre habit jaune, que vous mettez tous les jours. — Vraiment, dit mademoiselle Javotte, je suis de cet avis ! Prêter mon habit à un vilain Cucendron comme cela ! Il faudrait que je fusse folle. » Cendrillon s'attendait bien à ce refus, et elle en fut bien aise, car elle aurait été grandement embarrassée si sa sœur eût bien voulu lui prêter son habit.

Le lendemain, les deux sœurs furent au bal, et Cendrillon aussi, mais encore plus parée que la première fois. Le fils du roi fut toujours auprès d'elle, et ne cessa de lui conter des douceurs. La jeune demoiselle ne s'ennuyait point, et oublia ce que sa marraine lui avait recommandé, de sorte qu'elle entendit sonner le premier coup de minuit, lorsqu'elle ne croyait pas qu'il fût encore onze heures : elle se leva et s'enfuit aussi légèrement qu'aurait fait une biche. Le prince la suivit, mais il ne put l'attraper. Elle laissa tomber une de ses pantoufles de verre, que le prince ramassa bien soigneusement. Cendrillon arriva chez elle bien essoufflée, sans carrosse, sans laquais, et avec ses méchants habits, rien ne lui étant resté de toute sa magnificence, qu'une de ses petites pantoufles, la pareille de celle qu'elle avait laissé tomber. On demanda aux gardes de la porte du palais s'ils n'avaient point vu sortir une princesse : ils dirent qu'ils n'avaient vu sortir personne qu'une jeune fille fort mal vêtue, et qui avait plus l'air d'une paysanne que d'une demoiselle.

Quand les deux sœurs revinrent du bal, Cendrillon leur demanda si elles s'étaient encore bien diverties, et si la belle dame y avait été ; elles lui dirent que oui, mais qu'elle s'était enfuie lorsque minuit avait sonné, et si promptement qu'elle avait laissé tomber une de ses petites pantoufles de verre, la plus jolie du monde ; que le fils du roi l'avait ramassée, et qu'il n'avait fait que la regarder tout le reste du bal, et qu'assurément il était fort amoureux de la belle personne à qui appartenait la petite pantoufle.

Elles disaient vrai ; peu de jours après, le fils du roi fit publier, à son de trompe, qu'il épouserait celle dont le pied serait bien juste à la pantoufle. On commença à l'essayer aux princesses, ensuite aux duchesses et à toute la cour, mais inutilement. On la porta chez les deux sœurs qui firent tout leur possible pour faire entrer leur pied dans la pantoufle, mais elles ne purent en venir à bout. Cendrillon, qui les regardait, et qui reconnut sa pantoufle, dit en riant : « Que je voie si elle ne me serait pas bonne ! » Ses sœurs se mirent à rire et à se moquer d'elle. Le gentilhomme qui faisait l'essai de la pantoufle, ayant regardé attentivement Cendrillon, et la trouvant fort belle, dit que cela était très juste, et qu'il avait ordre de l'essayer à toutes les filles. Il fit asseoir Cendrillon et, approchant la pantoufle de son petit pied, il vit qu'elle y entrait sans peine, et qu'elle lui était juste comme de cire. L'étonnement des deux sœurs fut grand, mais plus grand encore quand Cendrillon tira de sa poche l'autre petite pantoufle qu'elle mit à son autre pied. Là-dessus, arriva la marraine, qui, ayant donné un coup de sa baguette sur les habits de Cendrillon, les fit devenir encore plus magnifiques que tous les autres.

Alors les deux sœurs la reconnurent pour la belle personne qu'elles avaient vue au bal. Elles se jetèrent à ses pieds, pour lui demander pardon de tous les mauvais traitements qu'elles lui avaient fait souffrir. Cendrillon les releva, et leur dit, en les embrassant, qu'elle leur pardonnait de bon cœur, et qu'elle les priait de l'aimer bien toujours. On la mena chez le jeune prince, parée comme elle était. Il la trouva encore plus belle que jamais ; et, peu de jours après, il l'épousa. Cendrillon, qui était aussi bonne que belle, fit loger ses deux sœurs au palais, et les maria, dès le jour même, à deux grands seigneurs de la cour.

RIQUET A LA HOUPPE

I. était une fois une reine qui accoucha d'un fils si laid et si mal fait, qu on douta longtemps s'il avait forme humaine. Une fée, qui se trouva à sa naissance, assura qu'il ne laisserait pas d'être aimable parce qu'il aurait beaucoup d'esprit : elle ajouta même qu'il pourrait, en vertu du don qu'elle venait de lui faire, donner autant d'esprit qu'il en aurait à la personne qu'il aimerait le mieux.

Tout cela consola un peu la pauvre reine, qui était bien affligée d'avoir mis au monde un si vilain marmot. Il est vrai que cet enfant ne commença pas plus tôt à parler, qu'il disait mille jolies choses, et qu'il avait dans ses actions je ne sais quoi de si spirituel qu on en était charmé. J'oubliais de dire qu'il vint au monde avec une petite houppe de cheveux sur la tête, ce qui fit qu'on le nomma Riquet à la houppe, car Riquet était le nom de sa famille.

Au bout de sept ou huit ans, la reine du royaume voisin accoucha de deux filles. La première qui vint au monde était plus belle que le jour; la reine en fut si aise, qu'on appréhenda que la trop grande joie qu'elle en avait ne lui fît mal. La même fée qui avait assisté à la naissance du petit Riquet à la houppe était présente, et pour modérer la joie de la reine, elle lui déclara que cette petite princesse n'aurait pas d'esprit, et qu'elle serait aussi stupide qu'elle était belle. Cela mortifia beaucoup la reine; mais elle eut quelques moments après, un bien plus grand chagrin, car la seconde fille dont elle accoucha se trouva extrêmement laide « Ne vous affligez pas

5

tant, Madame, lui dit la fée, votre fille sera récompensée d'ailleurs, et elle aura tant
d'esprit qu'on ne s'apercevra presque pas qu'il lui manque de la beauté — Dieu le
veuille! répondit la reine: mais n y aurait-il pas moyen de faire avoir un peu
d'esprit à l'aînée, qui est si belle? — Je ne puis rien pour elle, Madame, du côté
de l'esprit, lui dit la fée· mais je puis tout du côté de la beauté, et comme il n y
a rien que je ne veuille pour votre satisfaction, je vais lui donner pour don de
pouvoir rendre beau ou belle la personne qui lui plaira. »

A mesure que ces deux princesses devinrent grandes leurs perfections crurent aussi

La jeune princesse puse en mourir de douleur

avec elles, et on ne parlait partout que de la beauté de l'aînée et de l'esprit de la
cadette. Il est vrai que leurs défauts augmentaient beaucoup avec l'âge La cadette
enlaidissait à vue d'œil, et l'aînée devenait plus stupide de jour en jour : ou elle ne
répondait rien à ce qu'on lui demandait, ou elle répondait une sottise Elle était avec
cela si maladroite, qu'elle n'eût pu ranger quatre porcelaines sur le bord d'une cheminée sans en casser une, ni boire un verre d'eau sans en répandre la moitié sur ses habits.

Quoique la beauté soit d'un grand avantage dans une jeune personne, cependant
la cadette l'emportait toujours sur son aînée dans toutes les compagnies. D'abord on
allait du côté de la plus belle pour la voir et l'admirer; mais bientôt après on allait

à celle qui avait le plus d'esprit, pour lui entendre dire mille choses agréables, et on était étonné qu'en moins d'un quart d'heure l'aînée n'avait plus personne auprès d'elle, et que tout le monde s'était rangé autour de la cadette. L'aînée, quoique fort stupide, le remarqua bien ; et elle eût donné sans regret toute sa beauté pour avoir la moitié de l'esprit de sa sœur. La reine, toute sage qu'elle était, ne put s'empêcher de lui reprocher plusieurs fois sa bêtise; ce qui pensa faire mourir de douleur cette pauvre princesse.

Un jour qu'elle s'était retirée dans un bois pour y plaindre son malheur, elle vit venir à elle un petit homme fort désagréable, mais vêtu très magnifiquement. C'était le jeune prince Riquet à la houppe, qui, étant devenu amoureux d'elle sur ses portraits qui couraient par tout le monde, avait quitté le royaume de son père pour avoir le plaisir de la voir et de lui parler. Ravi de la rencontrer ainsi toute seule, il l'aborda avec tout le respect et toute la politesse imaginables. Ayant remarqué, après lui avoir fait les compliments ordinaires, qu'elle était fort mélancolique, il lui dit : « Je ne comprends pas, Madame, comment une personne aussi belle que vous l'êtes peut être aussi triste que vous paraissez; car, quoique je puisse me vanter d'avoir vu une infinité de belles personnes, je

C'était le jeune prince Riquet à la houppe.

puis dire que je n'en ai jamais vu dont la beauté approche de la vôtre. — Cela vous plaît à dire, Monsieur, » lui répondit la princesse; et elle demeura là. « La beauté, reprit Riquet à la houppe, est un si grand avantage, qu'elle doit tenir lieu de tout le reste; et, quand on la possède, je ne vois rien qui puisse vous affliger beaucoup. — J'aimerais mieux, dit la princesse, être aussi laide que vous, et avoir de l'esprit, que d'avoir de la beauté comme j'en ai, et être bête autant que je le suis. — Il n'y a rien, Madame, qui marque davantage qu'on a de l'esprit, que de croire n'en pas avoir; et il est de la nature de ce bien-là, que plus on en a, plus on croit en manquer. — Je ne sais pas cela, dit la princesse; mais je sais que je suis fort bête, et c'est de là que vient le chagrin qui me tue. — Si ce n'est que cela, Madame, qui vous afflige, je puis aisément mettre fin à votre douleur. — Et comment ferez-vous? dit la princesse. — J'ai le pouvoir, Madame, dit Riquet à la houppe, de donner de l'esprit, autant qu'on en saurait avoir, à la personne que je dois aimer le plus ; et comme vous êtes, Madame, cette personne, il ne tiendra qu'à vous que vous ayez autant d'esprit qu'on peut en avoir, pourvu que vous vouliez bien m'épouser. »

La princesse demeura tout interdite et ne répondit rien. « Je vois, reprit Riquet à la houppe, que cette proposition vous fait de la peine, et je ne m'en étonne pas, mais je vous donne un an tout entier pour vous y résoudre. » La princesse avait si peu d'esprit, et en même temps si grande envie d'en avoir, qu'elle s'imagina que la fin de cette année ne viendrait jamais : de sorte qu'elle accepta la proposition qui lui était faite. Elle n'eut pas plus tôt promis à Riquet à la houppe qu'elle l'épouserait dans un an à pareil jour, qu'elle se sentit tout autre qu'elle n'était auparavant : elle se trouva une facilité incroyable à dire tout ce qui lui plaisait, et à le dire d'une manière fine, aisée et naturelle. Elle commença dès ce moment une conversation galante et soutenue avec Riquet à la houppe, où elle brilla d'une telle force, que Riquet à la houppe crut lui avoir donné plus d'esprit qu'il ne s'en était réservé pour lui-même.

Quand elle fut retournée au palais, toute la cour ne savait que penser d'un changement si subit et si extraordinaire ; car autant on lui avait ouï dire d'impertinences auparavant, autant lui entendait-on dire de choses bien sensées et infiniment spirituelles. Toute la cour en eut une joie qui ne se peut imaginer ; il n'y eut que sa cadette qui n'en fut pas bien aise, parce que, n'ayant plus sur son aînée l'avantage de l'esprit, elle ne paraissait plus auprès d'elle qu'une guenon fort désagréable.

Le roi se conduisait par ses avis, il allait même quelquefois tenir conseil dans son appartement. Le bruit de ce changement s'étant répandu, tous les jeunes princes des royaumes voisins firent leurs efforts pour s'en faire aimer, et presque tous la demandèrent en mariage ; mais elle n'en trouvait point qui eût assez d'esprit, et elle les écoutait tous sans s'engager à pas un d'eux. Cependant il en vint un si puissant, si riche, si spirituel et si bien fait, qu'elle ne put s'empêcher d'avoir de la bonne volonté pour lui. Son père, s'en étant aperçu, lui dit qu'il la faisait maîtresse sur le choix d'un époux, et qu'elle n'avait qu'à se déclarer. Comme plus on a d'esprit et plus on a de peine à prendre une ferme résolution sur cette affaire, elle demanda, après avoir remercié son père, qu'il lui donnât du temps pour y penser.

Elle alla par hasard se promener dans le même bois où elle avait trouvé Riquet à la houppe, pour rêver plus commodément à ce qu'elle avait à faire. Dans le temps qu'elle se promenait, rêvant profondément, elle entendit un bruit sourd sous ses pieds, comme de plusieurs personnes qui vont et viennent et qui agissent. Ayant prêté

l'oreille plus attentivement, elle ouit que l'un disait : « Apporte-moi cette mar-
mite » ; l'autre, « Donne-moi cette chaudière », l'autre : « Mets du bois dans ce feu. »
La terre s'ouvrit dans le même temps, et elle vit sous ses pieds comme une grande
cuisine pleine de cuisiniers, de marmitons et de toutes sortes d'officiers nécessaires
pour faire un festin magnifique. Il en sortit une bande de vingt ou trente rôtisseurs,
qui allèrent se camper dans une allée du bois, autour d'une table fort longue, et qui
tous, la lardoire à la main et la queue de renard sur l'oreille[1], se mirent à travailler en
cadence, au son d'une chanson harmonieuse.

Elle entendit un bruit ... pieds

La princesse, étonnée de ce spectacle, leur demanda pour qui ils travaillaient. « C'est,
Madame, lui répondit le plus apparent de la bande,
pour le prince Riquet à la houppe, dont les noces se
feront demain. » La princesse encore plus surprise
qu'elle ne l'avait été, et se ressouvenant tout à coup
qu'il y avait un an qu'à pareil jour elle avait promis
d'épouser le prince Riquet à la houppe, pensa tomber de son haut. Ce qui faisait qu'elle ne s'en souvenait pas, c'est que, quand elle fit cette promesse,
elle était bête, et qu'en prenant le nouvel esprit que
le prince lui avait donné, elle avait oublié toutes ses
sottises.

Elle n'eut pas fait trente pas, en continuant sa promenade, que Riquet à la houppe se présenta à elle,
brave, magnifique, et comme un prince qui va se
marier « Vous me voyez, Madame, exact à tenir ma parole, et je ne doute point que
vous ne veniez ici pour exécuter la vôtre.

— Je vous avouerai franchement, répondit la princesse, que je n'ai pas encore
pris ma résolution là-dessus, et que je ne crois pas pouvoir jamais la prendre telle
que vous la souhaitez.

— Vous m'étonnez, Madame, lui dit Riquet à la houppe.

— Je le crois, dit la princesse, et assurément, si j'avais affaire à un brutal, à
un homme sans esprit, je me trouverais bien embarrassée. Une princesse n'a que sa

---

1 Les cuisiniers élégants se coiffaient, dans leur négligé de travail, de la peau de quelque animal dont ils laissaient
pendre la queue. On voit encore, dans certaines provinces, des chasseurs coiffés ainsi.

parole, me dirait-il, et il faut que vous m'épousiez, puisque vous me l'avez promis : mais comme celui à qui je parle est l'homme du monde qui a le plus d'esprit, je suis sûre qu'il entendra raison. Vous savez que, quand je n'étais qu'une bête, je ne pouvais néanmoins me résoudre à vous épouser : comment voulez-vous qu'ayant l'esprit que vous m'avez donné qui me rend encore plus difficile en gens que je n'étais, je prenne aujourd'hui une résolution que je n'ai pu prendre dans ce temps-là ? Si vous pensiez tout de bon à m'épouser vous avez eu grand tort de m'ôter ma bêtise et de me faire voir plus clair que je ne voyais

— Si un homme sans esprit, répondit Riquet à la houppe, devait être bien reçu, comme vous venez de le dire, à vous reprocher votre manque de parole pourquoi voulez-vous, Madame, que je n'en use pas de même dans une chose où il y va de tout le bonheur de ma vie ? Est-il raisonnable que les personnes qui ont de l'esprit soient d'une pire condition que ceux qui n'en ont pas ? Le pouvez-vous prétendre, vous qui en avez tant, et qui avez tant souhaité d'en avoir ? Mais venons au fait, s'il vous plaît A la réserve de ma laideur, y a-t-il quelque chose en moi qui vous déplaise Êtes-vous mal contente de ma naissance, de mon esprit, de mon humeur et de mes manières ?

— Nullement, répondit la princesse, j'aime en vous tout ce que vous venez de me dire — Si cela est ainsi, reprit Riquet à la houppe, je vais être heureux, puisque vous pouvez me rendre le plus aimable des hommes. — Comment cela se peut-il faire ? lui dit la princesse. — Cela se fera, répondit Riquet à la houppe, si vous m'aimez assez pour souhaiter que cela soit ; et afin, Madame, que vous n'en doutiez pas, sachez que la même fée qui, au jour de ma naissance, me fit le don de pouvoir rendre spirituelle la personne qui me plairait, vous a aussi fait le don de pouvoir rendre beau celui que vous aimerez, et à qui vous voudrez bien faire cette faveur.

— Si la chose en est ainsi, dit la princesse, je souhaite de tout mon cœur que vous deveniez le prince du monde le plus aimable, et je vous en fais le don autant qu'il est en moi »

La princesse n'eut pas plus tôt prononcé ces paroles, que Riquet à la houppe parut à ses yeux l'homme du monde le plus beau, le mieux fait et le plus aimable qu'elle eût jamais vu. Quelques-uns assurent que ce ne furent point les charmes de la fée qui opérèrent, mais que l'amour seul fit cette métamorphose. Ils disent que la princesse, ayant fait cette réflexion sur la persévérance de son amant sur sa discrétion et sur toutes les bonnes qualités de son âme et de son esprit, ne vit plus la difformité de son corps ni la laideur de son visage, que sa bosse ne lui sembla plus que le bon air d'un homme qui fait le gros dos, et qu'au lieu que jusqu'alors elle l'avait vu boiter effroyablement, elle ne lui trouva plus qu'un certain air penché qui la charmait. Ils disent encore que ses yeux, qui étaient louches, ne lui en parurent que plus brillants; que leur dérèglement passa dans son esprit pour la marque d'un violent excès d'amour et qu'enfin son gros nez rouge eut pour elle quelque chose de martial et d'héroïque.

Quoi qu'il en soit, la princesse lui promit sur-le-champ de l'épouser, pourvu qu'il en obtînt le consentement du roi son père. Le roi ayant su que sa fille avait beaucoup d'estime pour Riquet à la houppe, qu'il connaissait d'ailleurs pour un prince très spirituel et très sage, le reçut avec plaisir pour son gendre. Dès le lendemain, les noces furent faites ainsi que Riquet à la houppe l'avait prévu, et selon les ordres qu'il en avait donnés longtemps auparavant.

MORALITÉ

Ce que l'on voit dans cet écrit
Est moins un conte en l'air que la vérité même
Tout est beau dans ce que l'on aime,
Tout ce qu'on aime a de l'esprit

LE PETIT POUCET

L était une fois un bûcheron et une bûcheronne qui avaient sept enfants, tous garçons; l'aîné n'avait que dix ans et le plus jeune n'en avait que sept. On s'étonnera que le bûcheron ait eu tant d'enfants en si peu de temps; mais c'est que sa femme allait vite en besogne, et n'en faisait pas moins de deux à la fois.

Ils étaient fort pauvres, et leurs sept enfants les incommodaient beaucoup, parce qu'aucun d'eux ne pouvait encore gagner sa vie. Ce qui les chagrinait encore, c'est que le plus jeune était fort délicat et ne disait mot; prenant pour bêtise ce qui était une marque de la bonté de son esprit. Il était fort petit, et, quand il vint au monde, il n'était guère plus grand que le pouce, ce qui fit qu'on l'appela le petit Poucet.

Ce pauvre enfant était le souffre-douleur de la maison, et on lui donnait toujours tort. Cependant il était le plus fin et le plus avisé de tous ses frères, et, s'il parlait peu, il écoutait beaucoup.

Il vint une année très fâcheuse, et la famine fut si grande, que ces pauvres gens résolurent de se défaire de leurs enfants. Un soir que ces enfants étaient couchés, et que le bûcheron était auprès du feu avec sa femme, il lui dit, le cœur serré de douleur : « Tu vois bien que nous ne pouvons plus nourrir nos enfants; je ne saurais les voir mourir de faim devant mes yeux, et je suis résolu de les mener perdre demain au bois, ce qui sera bien aisé; car, tandis qu'ils s'amuseront à fagoter, nous n'avons qu'à nous enfuir sans qu'ils nous voient. — Ah! s'écria la bûcheronne,

pourrais-tu bien toi-même mener perdre tes enfants? » Son mari avait beau lui représenter leur grande pauvreté, elle ne pouvait y consentir; elle était pauvre, mais elle était leur mère.

Cependant ayant considéré quelle douleur ce lui serait de les voir mourir de faim, elle y consentit, et alla se coucher en pleurant.

Le petit Poucet ouït tout ce qu'ils dirent, car, ayant entendu de dans son lit qu'ils parlaient d'affaires, il s'était levé doucement et s'était glissé sous l'escabelle de son père, pour les écouter sans être vu. Il alla se recoucher et ne dormit point du reste de la nuit, songeant à ce qu'il avait à faire. Il se leva de bon matin, et alla au bord d'un ruisseau, où il remplit ses poches de petits cailloux blancs, et ensuite revint à la maison. On partit, et le petit Poucet ne découvrit rien de tout ce qu'il savait à ses frères.

Ils allèrent dans une forêt fort épaisse, où, a dix pas de distance, on ne se voyait pas l'un l'autre. Le bûcheron se mit à couper du bois, et ses enfants à ramasser les broutilles pour faire des fagots. Le père et la mère, les voyant occupés à travailler, s'éloignèrent d'eux insensiblement, et puis s'enfuirent tout à coup par un petit sentier détourné.

Lorsque ces enfants se virent seuls, ils se mirent à crier et à pleurer de toute leur force. Le petit Poucet les laissait crier, sachant bien par où il reviendrait à la maison, car, en marchant, il avait laissé tomber le long du chemin les petits cailloux blancs qu'il avait dans ses poches. Il leur dit donc : « Ne craignez point, mes frères; mon père et ma mère nous ont laissés ici, mais je vous ramènerai bien au logis, suivez-moi seulement. »

Ils le suivirent, et il les mena jusqu'à leur maison par le même chemin qu'ils étaient venus dans la forêt. Ils n'osèrent d'abord entrer, mais ils se mirent tous contre la porte, pour écouter ce que disaient leur père et leur mère.

Dans le moment que le bûcheron et la bûcheronne arrivèrent chez eux, le seigneur du village leur envoya dix écus, qu'il leur devait il y avait longtemps, et dont ils n'espéraient plus rien. Cela leur redonna la vie, car les pauvres gens mouraient de faim. Le bûcheron envoya sur l'heure sa femme à la boucherie. Comme il y avait longtemps qu'ils n'avaient mangé, elle acheta trois fois plus de viande qu'il

6

n'en fallait pour le souper de deux personnes. Lorsqu'ils furent rassasiés, la bûcheronne dit : « Hélas ! où sont maintenant nos pauvres enfants ? Ils feraient bonne chère de ce qui nous reste là. Mais aussi, Guillaume, c'est toi qui les as voulu perdre ; j'avais bien dit que nous nous en repentirions. Que font-ils maintenant dans cette forêt ? Hélas ! mon Dieu, les loups les ont peut-être déjà mangés ! Tu es bien inhumain d'avoir perdu ainsi tes enfants ! »

Le bûcheron s'impatienta à la fin ; car elle redit plus de vingt fois qu'il s'en repentirait, et qu'elle l'avait bien dit. Il la menaça de la battre si elle ne se taisait. Ce n'est pas que le bûcheron ne fût peut-être encore plus fâché que sa femme ; mais c'est qu'elle lui rompait la tête, et qu'il était de l'humeur de beaucoup d'autres gens qui aiment fort les femmes qui disent bien, mais qui trouvent très importunes celles qui ont toujours bien dit.

La bûcheronne était tout en pleurs : « Hélas ! où sont maintenant mes enfants, mes pauvres enfants ? » Elle le dit une fois si haut, que les enfants, qui étaient à la porte, l'ayant entendue, se mirent à crier tous ensemble : « Nous voilà, nous voilà ! » Elle courut vite leur ouvrir la porte, et leur dit en les embrassant : « Que je suis aise de vous revoir, mes chers enfants ! Vous êtes bien las, vous avez bien faim ; et toi, Pierrot, comme te voilà crotté ! viens que je te débarbouille. » Ce Pierrot était son fils aîné, qu'elle aimait plus que tous les autres, parce qu'il était un peu rousseau, et qu'elle était un peu rousse.

Ils se mirent à table, et mangèrent d'un appétit qui faisait plaisir au père et à la mère, à qui ils racontaient la peur qu'ils avaient eue dans la forêt, en parlant presque tous ensemble. Ces bonnes gens étaient ravis de revoir leurs enfants avec eux, et cette joie dura tant que les dix écus durèrent. Mais, lorsque l'argent fut dépensé, ils retombèrent dans leur premier chagrin, et résolurent de les perdre encore, et, pour ne pas manquer le coup, de les mener bien plus loin que la première fois.

Ils ne purent parler de cela si secrètement qu'ils ne fussent entendus par le petit Poucet, qui fit son compte de sortir d'affaire comme il avait déjà fait ; mais, quoiqu'il se fût levé de grand matin pour aller ramasser des petits cailloux, il ne put en venir à bout, car il trouva la porte de la maison fermée à double tour. Il ne savait que faire, lorsque, la bûcheronne leur ayant donné à chacun un morceau de pain pour leur déjeuner, il songea qu'il pourrait se servir de son pain au lieu de cailloux, en le jetant par miettes le long des chemins où ils passaient : il le serra donc dans sa poche.

Le père et la mère les menèrent dans l'endroit de la forêt le plus épais et le plus obscur, et, dès qu'ils y furent ils gagnèrent un faux fuyant, et les laissèrent là. Le petit Poucet ne s'en chagrina pas beaucoup, parce qu'il croyait retrouver aisément son chemin, par le moyen de son pain, qu'il avait semé partout où il avait passé, mais il fut bien surpris lorsqu'il ne put en retrouver une seule miette : les oiseaux étaient venus, qui avaient tout mangé.

Les voilà donc bien affligés ; car plus ils s'enfonçaient dans la forêt, plus ils s'égaraient. La nuit vint, et il s'éleva un grand vent qui leur faisait des peurs épouvantables. Ils croyaient n'entendre de tous côtés que des hurlements de loups qui venaient à eux pour les manger. Ils n'osaient presque se parler, ni tourner la tête. Il survint une grosse pluie qui les perça jusqu'aux os ; ils glissaient à chaque pas, tombaient dans la boue, d'où ils se relevaient tout crottés, ne sachant que faire de leurs mains.

Plus ils s'enfonçaient dans la forêt, plus ils s'égaraient.

Le petit Poucet grimpa au haut d'un arbre, pour voir s'il ne découvrirait rien tournant la tête de tous côtés, il vit une petite lueur comme d'une chandelle, mais qui était bien loin par delà la forêt. Il descendit de l'arbre, et, lorsqu'il fut à terre, il ne vit plus rien : cela le désola. Cependant, ayant marché quelque temps avec ses frères, du côté qu'il avait vu la lumière, il la revit en sortant du bois.

Ils arrivèrent enfin à la maison où était cette chandelle, non sans bien des frayeurs : car souvent ils la perdaient de vue, ce qui leur arrivait toutes les fois qu'ils descendaient dans quelque fond. Ils heurtèrent à la porte et une bonne femme vint leur ouvrir. Elle leur demanda ce qu'ils voulaient. Le petit Poucet lui dit qu'ils étaient de pauvres enfants qui s'étaient perdus dans la forêt, et qui demandaient à coucher par charité. Cette femme, les voyant tous si jolis, se mit à pleurer et leur dit : « Hélas ! mes pauvres enfants, où êtes-vous venus ! Savez-vous bien que c'est ici la maison d'un ogre qui mange les petits enfants ? — Hélas ! madame, lui répondit le petit Poucet, qui tremblait de toute sa force aussi bien que ses frères, que ferons-nous? Il est bien sûr que les loups de la forêt ne manqueront pas de nous manger cette nuit, si vous ne voulez pas nous retirer chez vous, et, cela étant, nous aimons mieux que ce soit monsieur qui nous mange; peut-être qu'il aura pitié de nous, si vous voulez bien l'en prier. »

La femme de l'ogre, qui crut qu'elle pourrait les cacher à son mari jusqu'au lendemain matin, les laissa entrer, et les mena se chauffer auprès d'un bon feu, car il y avait un mouton tout entier à la broche pour le souper de l'ogre.

Comme ils commençaient à se réchauffer, ils entendirent heurter trois ou quatre grands coups à la porte; c'était l'ogre qui revenait. Aussitôt sa femme les fit cacher sous le lit et alla ouvrir la porte. L'ogre demanda d'abord si le souper était prêt et si on avait tiré du vin, et aussitôt il se mit à table. Le mouton était encore tout sanglant, mais il ne lui en sembla que meilleur. Il flairait à droite et à gauche, disant qu'il sentait la chair fraîche. « Il faut, lui dit sa femme, que ce soit ce veau, que je viens d'habiller[1], que vous sentiez. — Je sens la chair fraîche, te dis-je encore une fois, reprit l'ogre en regardant sa femme de travers, il y a ici quelque chose que je n'entends pas. » En disant ces mots, il se leva de table et alla droit au lit.

« Ah! dit-il, voilà donc comme tu veux me tromper, maudite femme! Je ne sais à quoi il tient que je ne te mange aussi : bien t'en prend d'être une vieille bête. Voilà du gibier qui me vient à propos, pour traiter trois ogres de mes amis qui doivent me venir voir ces jours-ci. »

Il les tira de dessous le lit l'un après l'autre. Ces pauvres enfants se mirent à genoux en lui demandant pardon; mais ils avaient affaire au plus cruel de tous les ogres, qui, bien loin d'avoir de la pitié, les dévorait déjà des yeux, et disait à sa femme que ce seraient là de friands morceaux, lorsqu'elle leur aurait fait une bonne sauce.

Il alla prendre un grand couteau, et, en approchant de ces pauvres enfants, il l'aiguisait sur une longue pierre, qu'il tenait à sa main gauche. Il en avait déjà empoigné un, lorsque sa femme lui dit : « Que voulez-vous faire à l'heure qu'il est? N'aurez-vous pas assez de temps demain? — Tais-toi, reprit l'ogre, ils en seront plus mortifiés. — Mais vous avez encore tant de viande, reprit sa femme : voilà un veau, deux moutons et la moitié d'un cochon. — Tu as raison, dit l'ogre, donne-leur bien à souper, afin qu'ils ne maigrissent pas, et va les mener coucher. »

---

1 Terme de cuisine, qui signifie préparer les viandes pour les accommoder en ragoût. Ce terme est employé ici pour préparer au jeu de mots qu'on verra plus tard.

La bonne femme fut ravie de joie, et leur porta bien à souper; mais ils ne purent manger, tant ils étaient saisis de peur. Pour l'ogre, il se remit à boire ravi d'avoir de quoi si bien régaler ses amis. Il but une douzaine de coups de plus qu'à l'ordinaire, ce qui lui donna un peu dans la tête et l'obligea de s'aller coucher.

L'ogre avait sept filles, qui n'étaient encore que des enfants. Ces petites ogresses

Il ... il ... n ... u ... pli ...

avaient toutes le teint fort beau, parce qu'elles mangeaient de la chair fraîche, comme leur père; mais elles avaient de petits yeux gris et tout ronds, le nez crochu, et une fort grande bouche, avec de longues dents fort aiguës et fort éloignées l'une de l'autre. Elles n'étaient pas encore fort méchantes; mais elles promettaient beaucoup, car elles mordaient déjà les petits enfants pour en sucer le sang.

On les avait fait coucher de bonne heure, et elles étaient toutes sept dans un grand lit, ayant chacune une couronne d'or sur la tête. Il y avait dans la même chambre un autre lit de la même grandeur ; ce fut dans ce lit que la femme de l'ogre mit coucher les sept garçons; après quoi elle alla se coucher auprès de son mari.

Le petit Poucet, qui avait remarqué que les filles de l'ogre avaient des couronnes d'or sur la tête, et qui craignait qu'il ne prît à l'ogre quelque remords de ne les avoir pas égorgés dès le soir même, se leva vers le milieu de la nuit, et, prenant les bonnets de ses frères et le sien, il alla tout doucement les mettre sur la tête des sept filles de l'ogre, après leur avoir ôté leurs couronnes d'or, qu'il mit sur la tête de ses frères et sur la sienne, afin que l'ogre les prît pour ses filles, et ses filles pour les garçons qu'il voulait égorger. La chose réussit comme il l'avait pensé; car l'ogre, s'étant éveillé sur le minuit, eut regret d'avoir différé au lendemain ce qu'il pouvait exécuter la veille. Il se jeta donc brusquement hors du lit, et prenant son grand couteau ; « Allons voir, dit-il, comment se portent nos petits drôles; n'en faisons pas à deux fois. »

Il monta donc à tâtons à la chambre de ses filles, et s'approcha du lit où étaient les petits garçons qui dormaient tous, excepté le petit Poucet, qui eut bien peur lorsqu'il sentit la main de l'ogre qui lui tâtait la tête, comme il avait tâté celle de tous ses frères. L'ogre, qui sentit les couronnes d'or : « Vraiment, dit-il, j'allais faire là un bel ouvrage : je vois bien que je bus trop hier au soir. » Il alla ensuite au lit de ses filles, où ayant senti les petits bonnets des garçons : « Ah! les voilà, dit-il, nos gaillards; travaillons hardiment. » En disant ces mots, il coupa, sans balancer, la gorge à ses sept filles. Fort content de cette expédition, il alla se recoucher auprès de sa femme.

Aussitôt que le petit Poucet entendit ronfler l'ogre, il réveilla ses frères, et leur dit de s'habiller promptement et de le suivre. Ils descendirent doucement dans le jardin, et sautèrent par-dessus les murailles. Ils coururent presque toute la nuit, toujours en tremblant et sans savoir où ils allaient.

L'ogre s'étant éveillé dit à sa femme : « Va-t'en là-haut habiller ces petits drôles d'hier soir. » L'ogresse fut fort étonnée de la bonté de son mari, ne se doutant point de la manière qu'il entendait qu'elle les habillât, et croyant qu'il lui ordonnait de les aller vêtir. Elle monta en haut où elle fut bien épouvantée, lorsqu'elle aperçut ses sept filles égorgées et nageant dans leur sang...

Elle commença par s'évanouir (car c'est le premier expédient que trouvent presque

toutes les femmes en pareilles rencontres). L'ogre craignant que sa femme ne fût
trop longtemps à faire la besogne dont il l'avait chargée, monta en haut pour lui
aider.

Il ne fut pas moins étonné que sa femme lorsqu'il vit cet affreux spectacle.

« Ah! qu'ai-je fait là? s'écria-t-il. Ils me le payeront, les malheureux, et tout
à l'heure! »

Il jeta aussitôt une potée d'eau dans le nez de sa femme; et l'ayant fait revenir

« Donne-moi vite mes bottes de sept lieues, lui dit-il, afin que j'aille les attraper. »

Il se mit en campagne; et, après avoir couru de tous côtés enfin il entra dans
le chemin où marchaient les pauvres enfants qui
n'étaient plus qu'à cent pas du logis de leur père.
Ils virent l'ogre qui allait de montagne en montagne, et qui traversait des rivières aussi aisément
qu'il aurait fait du moindre ruisseau.

Le petit Poucet, qui vit un rocher creux proche
le lieu où ils étaient, y fit cacher ses frères, et
s'y fourra aussi, regardant toujours ce que l'ogre
deviendrait. L'ogre qui se trouvait fort las du
long chemin qu'il avait fait inutilement (car les

bottes de sept lieues fatiguent fort leur homme) voulut se reposer; et, par hasard,
il alla s'asseoir sur la roche où les petits garçons s'étaient cachés.

Comme il n'en pouvait plus de fatigue il s'endormit, après s'être reposé quelque
temps, et vint à ronfler si effroyablement, que les pauvres enfants n'eurent pas
moins de peur que quand il tenait son grand couteau pour leur couper la
gorge.

Le petit Poucet en eut moins de peur, et dit à ses frères de s'enfuir promptement à la maison pendant que l'ogre dormait bien fort et qu'ils ne se missent
point en peine de lui. Ils crurent son conseil, et gagnèrent vite la maison.

Le petit Poucet, s'étant approché de l'ogre, lui tira doucement ses bottes et les
mit aussitôt. Les bottes étaient fort grandes et fort larges; mais comme elles étaient
fées, elles avaient le don de s'agrandir et de s'apetisser selon la jambe de celui qui les

chaussait ; de sorte qu'elles se trouvèrent aussi justes à ses jambes que si elles eussent été faites pour lui.

Il alla droit à la maison de l'ogre, où il trouva sa femme qui pleurait auprès de ses filles égorgées « Votre mari, lui dit le petit Poucet, est en grand danger, car il a été pris par une troupe de voleurs, qui ont juré de le tuer s'il ne leur donne tout son or et tout son argent Dans le moment qu'ils lui tenaient le poignard sur la gorge, il m'a aperçu, et m'a prié de vous venir avertir de l'état où il est, et de vous dire de me donner tout ce qu'il a vaillant, sans en rien retenir, parce qu'autrement ils le tueront sans miséricorde. Comme la chose presse beaucoup, il a voulu que je prisse ses bottes de sept lieues que voilà, pour faire diligence, et aussi afin que vous ne croyiez pas que je suis un affronteur. »

La bonne femme, fort effrayée lui donna aussitôt tout ce qu'elle avait ; car cet ogre ne laissait pas d'être fort bon mari, quoiqu'il mangeât les petits enfants. Le petit Poucet, étant chargé de toutes les richesses de l'ogre, s'en revint au logis de son père, où il fut reçu avec bien de la joie

Il y a bien des gens qui ne demeurent pas d'accord sur cette dernière circonstance, et qui prétendent que le petit Poucet n'a jamais fait ce vol à l'ogre : qu'à la vérité il n'avait pas fait conscience de lui prendre ses bottes de sept lieues, dont il ne se servait que pour courir après les petits enfants. Ces gens-là assurent le savoir de bonne part, et même pour avoir bu et mangé dans la maison du bûcheron. Ils assurent que, lorsque le petit Poucet eut chaussé les bottes de l'ogre, il s'en alla à la cour, où il savait qu'on était fort en peine d'une armée qui était à deux cents lieues de là, et du succès d'une bataille qu'on avait donnée. Il alla, disent-ils, trouver le roi, et lui dit que s'il le souhaitait il lui apporterait des nouvelles de l'armée avant la fin du jour. Le roi lui promit une grosse somme d'argent s'il en venait à bout Le petit Poucet rapporta des nouvelles dès le soir même ; et, cette première course l'ayant fait connaître, il gagnait tout ce qu'il voulait : car le roi le payait parfaitement pour porter ses ordres à l'armée, et une infinité de dames lui donnaient tout ce qu'il voulait pour avoir des nouvelles de leurs amants, et ce fut là son plus grand gain.

Il se trouvait quelques femmes qui le chargeaient de lettres pour leurs maris ; mais elles le payaient si mal, et cela allait à si peu de chose, qu'il ne daignait pas mettre en ligne de compte ce qu'il gagnait de ce côté-là.

Après avoir fait pendant quelque temps le métier de courrier, et y avoir amassé beaucoup de bien, il revint chez son père, où il n'est pas possible d'imaginer la joie qu'on eut de le revoir. Il mit toute sa famille à l'aise. Il acheta des offices de nouvelle création pour son père et ses frères ; et par là il les établit tous, et fit parfaitement bien sa cour en même temps.

MORALITÉ

On ne s'afflige point d'avoir beaucoup d'enfants,
Quand ils sont tous beaux, bien faits et bien grands,
Et d'un extérieur qui brille :
Mais si l'un d'eux est faible, on ne dit mot,
On le méprise, on le raille, on le pille :
Quelquefois cependant c'est ce petit marmot
Qui fera le bonheur de toute la famille

L'ADROITE PRINCESSE

ou

LES AVENTURES DE FINETTE

u temps des premières croisades, un roi de je ne sais quel royaume
de l'Europe se résolut d'aller faire la guerre aux infidèles, dans la
Palestine. Avant que d'entreprendre un si long voyage, il mit un si
bon ordre aux affaires de son royaume, et il confia la régence à un
ministre si habile qu'il fut en repos de ce côté-là. Ce qui inquiétait
le plus ce prince, c'était le soin de sa famille. Il avait perdu la reine son épouse
depuis assez peu de temps : elle ne lui avait point laissé de fils, mais il se voyait père
de trois jeunes princesses à marier. Ma chronique ne m'a point appris leur véritable
nom ; je sais seulement que, comme, en ces temps heureux, la simplicité des peuples
donnait sans façon des surnoms aux personnes éminentes, suivant leurs bonnes
qualités ou leurs défauts, on avait surnommé l'aînée de ces princesses *Nonchalante*,
ce qui signifie indolente en style moderne ; la seconde, *Babillarde :* et la troisième,
Finette : noms qui avaient tous un juste rapport aux caractères de ces trois sœurs.

Jamais on n'a rien vu de si indolent qu'était Nonchalante. Tous les jours elle n'était
pas éveillée à une heure après midi : on la traînait à l'église telle qu'elle sortait de son
lit, sa coiffure en désordre, sa robe détachée, point de ceinture, et souvent une mule
d'une façon et une de l'autre. On corrigeait cette différence durant la journée ; mais on
ne pouvait résoudre cette princesse à être jamais autrement qu'en mules ; elle trouvait
une fatigue insupportable à mettre des souliers. Quand Nonchalante avait dîné, elle

se mettait à sa toilette, où elle était jusqu'au soir : elle employait le reste de son
temps, jusqu'à minuit, à jouer et à souper ; ensuite on était presque aussi longtemps
à la déshabiller qu'on avait été à l'habiller : elle ne pouvait jamais parvenir à aller
se coucher qu'au grand jour.

Babillarde menait une autre sorte de vie. Cette princesse était fort vive, et
n'employait que peu de temps pour sa personne ; mais elle avait une envie de parler
si étrange que, depuis qu'elle était éveillée jusqu'à ce qu'elle fût endormie, la bouche
ne lui fermait pas. Elle savait l'histoire des mauvais ménages, des liaisons tendres,
des galanteries, non seulement de toute la cour,
mais des plus petits bourgeois. Elle tenait
registre de toutes les femmes qui exerçaient
certaines rapines dans leur domestique, pour se
donner une parure plus éclatante, et était informée précisément de ce que gagnait la suivante de
la comtesse une telle, et le maître d'hôtel du
marquis un tel. Pour être instruite de toutes ces
petites choses, elle écoutait sa nourrice et sa
couturière avec plus de plaisir qu'elle n'aurait
écouté un ambassadeur, et ensuite elle étour-

Il se voyait près de trois jeunes filles à la fois.

dissait de ces belles histoires depuis le roi son père jusqu'à ses valets de pied ; car,
pourvu qu'elle parlât, elle ne se souciait pas à qui.

La démangeaison de parler produisit encore un autre mauvais effet chez cette
princesse. Malgré son rang, ses airs trop familiers donnèrent la hardiesse aux
blondins de la cour de lui débiter des douceurs. Elle écouta leurs fleurettes sans
façon pour avoir le plaisir de leur répondre ; car à quelque prix que ce fût, il fallait
que du matin au soir, elle écoutât ou caquetât. Babillarde, non plus que Nonchalante,
ne s'occupait jamais ni à penser, ni à faire aucune réflexion, ni à lire ; elle s'embarras-
sait aussi peu d'aucun soin domestique, ni des amusements que produisent l'aiguille
et le fuseau. Enfin ces deux sœurs, dans une éternelle oisiveté, ne faisaient jamais
agir ni leur esprit ni leurs mains.

La sœur cadette de ces deux princesses était d'un caractère bien différent. Elle agissait incessamment de l'esprit et de sa personne : elle avait une vivacité surprenante, et
elle s'appliquait à en faire un bon usage. Elle savait parfaitement bien danser,

chanter, jouer des instruments ; réussissait avec une adresse admirable à tous les
petits travaux de la main qui amusent d'ordinaire les personnes de son sexe. mettait
l'ordre et la règle dans la maison du roi. et empêchait, par ses soins, les pilleries des
officiers ; car dès ce temps-là, ils se mêlaient de voler les princes.

Ses talents ne se bornaient pas là ; elle avait beaucoup de jugement. et une présence d'esprit si merveilleuse qu'elle trouvait sur-le-champ des moyens pour sortir
de toutes sortes d'affaires. Cette jeune princesse avait découvert, par sa pénétration
un piège dangereux qu'un ambassadeur de mauvaise foi avait tendu au roi son père
dans un traité que ce prince était tout près de signer. Pour punir la perfidie de cet
ambassadeur et de son maître. le roi changea l'article du traité ; et, en le mettant
dans les termes que lui avait inspirés sa fille, il trompa à son tour le trompeur même.
La jeune princesse découvrit encore un tour de fourberie qu'un ministre voulait
jouer au roi, et, par le conseil qu'elle donna à son père. il fit retomber l'infidélité de
cet homme-là sur lui-même La princesse donna, dans plusieurs autres occasions, des
marques de sa pénétration et de sa finesse d'esprit elle en donna tant que le peuple
lui donna le nom de Finette. Le roi l'aimait beaucoup plus que ses autres filles ; et il
faisait un si grand fond sur son bon sens que, s'il n'avait point eu d'autre enfant
qu'elle, il serait parti sans inquiétude ; mais il se défiait autant de la conduite de ses
autres filles qu'il se reposait sur celle de Finette. Ainsi, pour être sûr des démarches
de sa famille, comme il se croyait sûr de celle de ses sujets, il prit les mesures que
je vais dire

Vous qui êtes si savante dans toutes sortes d'antiquités je ne doute pas, comtesse
charmante, que vous n'ayez cent fois entendu parler du merveilleux pouvoir des fées
Le roi dont je vous parle, étant ami intime d'une de ces habiles femmes, alla trouver
cette amie · il lui représenta l'inquiétude où il était touchant ses filles. « Ce n'est pas,
lui dit ce prince, que les deux aînées dont je m'inquiète aient jamais fait la moindre
chose contre leur devoir ; mais elles ont si peu d'esprit, elles sont si imprudentes, et
vivent dans une si grande désoccupation. que je crains que pendant mon absence, elles
n'aillent s'embarquer dans quelque folle intrigue pour trouver de quoi s'amuser Pour
Finette, je suis sûr de sa vertu , cependant je la traiterai comme les autres, pour faire
tout égal : c'est pourquoi, sage fée, je vous prie de me faire trois quenouilles de verre
pour mes filles qui soient faites avec un tel art que chaque quenouille ne manque point
de se casser sitôt que celle à qui elle appartiendra fera quelque chose contre sa gloire »

Comme cette fée était des plus habiles, elle donna à ce prince trois quenouilles enchantées et travaillées avec tous les soins nécessaires pour le dessein qu'il avait. Mais il ne fut pas content de cette précaution; il mena les princesses dans une tour fort haute, qui était bâtie dans un lieu bien désert. Le roi dit à ses filles qu'il leur ordonnait de faire leur demeure dans cette tour pendant tout le temps de son absence, et qu'il leur défendait d'y recevoir aucune personne que ce fût. Il leur ôta tous leurs officiers de l'un et de l'autre sexe; et, après leur avoir fait présent des quenouilles enchantées, dont il leur expliqua les qualités, il embrassa les princesses et ferma les portes de la tour, dont il prit lui-même les clefs, puis il partit.

Vous allez peut-être croire, Madame, que ces princesses étaient là en danger de mourir de faim. Point du tout: on avait eu soin d'attacher une poulie à une des fenêtres de la tour, et on y avait mis une corde à laquelle les princesses attachaient un corbillon qu'elles descendaient chaque jour. Dans ce corbillon, on mettait leurs provisions pour la journée; et, quand elles l'avaient remonté, elles retiraient avec soin la corde dans la chambre.

Nonchalante et Babillarde menaient dans cette solitude une vie qui les désespérait: elles s'ennuyaient à un point qu'on ne saurait exprimer; mais il fallait prendre patience; car on leur avait fait la quenouille si terrible qu'elles craignaient que la moindre démarche un peu équivoque ne la fît casser.

Pour Finette, elle ne s'ennuyait point du tout, son fuseau, son aiguille et ses instruments de musique lui fournissaient des amusements, et, outre cela, par l'ordre du ministre qui gouvernait l'État, on mettait dans le corbillon des princesses des lettres qui les informaient de tout ce qui se passait au dedans et au dehors du royaume. Le roi l'avait permis ainsi; et le ministre, pour faire sa cour aux princesses, ne manquait pas d'être exact sur cet article. Finette lisait toutes ces nouvelles avec empressement, et s'en divertissait. Pour ses deux sœurs, elles ne daignaient pas y prendre la moindre part, elles disaient qu'elles étaient trop chagrines pour avoir la force de s'amuser de si peu de chose: il leur fallait au moins des cartes pour se désennuyer pendant l'absence de leur père.

Elles passaient donc ainsi tristement leur vie, en murmurant contre leur destin, et je crois qu'elles ne manquèrent pas de dire qu'*il vaut mieux être né heureux que d'être ne fils de roi*. Elles étaient souvent aux fenêtres de leur tour pour voir du moins ce qui se passait dans la campagne. Un jour, comme Finette était occupée dans sa chambre à quelque joli ouvrage, ses sœurs, qui étaient à la fenêtre, virent au pied de leur tour une pauvre femme vêtue de haillons déchirés, qui leur cria sa misère fort pathétiquement ; elle les priait les mains jointes de la laisser entrer dans leur château, leur représentant qu'elle était une malheureuse étrangère qui savait mille sortes de choses, et qu'elle leur rendrait service avec la plus exacte fidélité. D'abord les princesses se souvinrent de l'ordre qu'avait donné le roi leur père de ne laisser entrer personne dans la tour ; mais Nonchalante était si lasse de se servir elle-même, et Ba-

Les princesses la montèrent.

billarde si ennuyée de n'avoir que ses sœurs à qui parler. que l'envie qu'eut l'une d'être coiffée en détail, et l'empressement qu'eut l'autre d'avoir une personne de plus pour jaser, les engagea à se résoudre de laisser entrer la pauvre étrangère.

« Pensez-vous, dit Babillarde à sa sœur, que la défense du roi s'étende sur des gens comme cette malheureuse ? Je crois que nous la pouvons recevoir sans conséquence.

— Vous ferez ce qu'il vous plaira, ma sœur », répondit Nonchalante.

Babillarde, qui n'attendait que ce consentement, descendit aussitôt le corbillon : la pauvre femme se mit dedans, et les princesses la montèrent avec le secours de la poulie.

Quand cette femme fut devant leurs yeux, l'horrible malpropreté de ses habits les dégoûta : elles voulurent lui en donner d'autres. mais elle leur dit qu'elle en changerait le lendemain. et que pour l'heure qu'il était elle allait songer à les servir. Comme elle achevait de parler, Finette revint de sa chambre. Cette princesse fut étrangement surprise de voir cette inconnue avec ses sœurs ; elles lui dirent pour quelles raisons elles l'avaient fait monter ; et Finette, qui vit que c'était une chose faite, dissimula le chagrin qu'elle eut de cette imprudence.

Cependant la nouvelle officière des princesses fit cent tours dans le château, sous prétexte de leur service, mais, en effet. pour observer la disposition du dedans ; car, madame, je ne sais si vous ne vous en doutez déjà, mais cette gueuse prétendue était aussi dangereuse dans le château que le fut le comte Ory dans le couvent où il entra, déguisé en abbesse fugitive.

Pour ne pas vous tenir davantage en suspens, je vous dirai que cette créature couverte de haillons était le fils aîné d'un roi puissant, voisin du père des princesses. Ce jeune prince, qui était un des plus artificieux esprits de son temps, gouvernait entièrement le roi son père et il n'avait pas besoin de beaucoup de finesse pour cela ; car ce roi était d'un caractère si doux et si facile qu'on lui avait donné le surnom de *Moult-Benin*[1]. Pour le jeune prince, comme il n'agissait que par artifice et par détours, les peuples l'avaient surnommé *Riche-en-Cautèle*[2], et, pour abréger, on disait *Riche-Cautèle*.

Il avait un frère cadet qui était aussi rempli de belles qualités que son aîné l'était de défauts ; cependant, malgré la différence d'humeur, on voyait entre ces deux frères une union si parfaite que tout le monde en était surpris. Outre les bonnes qualités de l'âme qu'avait le prince cadet, la beauté de son visage et la grâce de sa personne étaient si remarquables qu'elles l'avaient fait nommer *Bel-à-Voir*. C'était le prince Riche-Cautèle qui avait inspiré à l'ambassadeur du roi son père ce trait de mauvaise foi que l'adresse de Finette avait fait tomber sur eux. Riche-Cautèle, qui n'aimait déjà guère le roi, père des princesses, avait achevé par là de le prendre en aversion ; aussi, quand il sut les précautions que ce prince avait prises à l'égard de ses filles, il se fit un pernicieux plaisir de tromper la prudence d'un père si soupçonneux. Riche-Cautèle obtint la permission du roi son père d'aller faire un voyage, sous des prétextes qu'il inventa, et il prit des mesures qui le firent parvenir à entrer dans la tour des princesses, comme vous avez vu.

En examinant le château, ce prince remarqua qu'il était facile aux princesses de se faire entendre des passants, et il en conclut qu'il devait rester dans son déguisement pendant tout le jour, parce qu'elles pourraient bien, si elles s'en avisaient, appeler du monde et le faire punir de son entreprise téméraire. Il conserva donc toute la journée les habits et le personnage de gueuse de profession ; et, le soir, lorsque les trois sœurs eurent soupé, Riche-Cautèle jeta les haillons qui le couvraient et laissa voir des habits de cavalier tout couverts d'or et de pierreries. Les pauvres princesses furent si épouvantées de cette vue que toutes se mirent à fuir avec précipitation. Finette et Babillarde, qui étaient agiles, eurent bientôt gagné leur chambre ; mais Nonchalante, qui avait à peine l'usage de marcher, fut en un instant atteinte par le prince.

---

1 Beaucoup bénin.
2 Riche en fourberie.

Aussitôt il se jeta à ses pieds, lui déclara qui il était, et lui dit que la réputation de sa beauté et ses portraits l'avaient engagé à quitter une cour délicieuse pour lui venir offrir ses vœux et sa foi. Nonchalante fut d'abord si éperdue qu'elle ne pouvait répondre au prince, qui était toujours à genoux ; mais comme, en lui disant mille douceurs et lui faisant mille protestations, il la conjurait avec ardeur de le recevoir pour époux dès ce moment-là même, sa mollesse naturelle ne lui laissant pas la force de disputer, elle dit nonchalamment à Riche-Cautèle qu'elle le croyait sincère, et qu'elle acceptait sa foi. Elle n'observa pas de plus grandes formalités que celles-là dans la conclusion de ce mariage : mais aussi elle en perdit sa quenouille elle se brisa en mille morceaux.

Cependant Babillarde et Finette étaient dans des inquiétudes étranges : elles avaient gagné séparément leur chambre, et elles s'y étaient renfermées. Ces chambres étaient assez éloignées l'une de l'autre ; et comme chacune de ces princesses ignorait entièrement le destin de ses deux sœurs, elles passèrent la nuit sans fermer l'œil. Le lendemain, le pernicieux prince mena Nonchalante dans un appartement bas qui était au bout du jardin ; et là cette princesse témoigna à Riche-Cautèle l'inquiétude où elle était de ses sœurs, quoiqu'elle n'osât se présenter devant elles, dans la crainte qu'elles ne blâmassent fort son mariage. Le prince lui dit qu'il se chargeait de le leur faire approuver · et, après quelques discours, il sortit et enferma Nonchalante sans qu'elle s'en aperçût : ensuite il se mit à chercher les princesses avec soin.

Il fut quelque temps sans pouvoir découvrir dans quelles chambres elles étaient enfermées. Enfin, l'envie qu'avait Babillarde de toujours parler étant cause que cette princesse parlait toute seule en se plaignant, le prince s'approcha de la porte de sa chambre et la vit par le trou de la serrure. Riche-Cautèle lui parla au travers de la porte, et lui dit, comme il avait dit à sa sœur, que c'était pour lui offrir son cœur et sa foi qu'il avait fait l'entreprise d'entrer dans la tour. Il louait avec exagération sa beauté et son esprit ; et Babillarde, qui était très persuadée qu'elle possédait un mérite extrême, fut assez folle pour croire ce que le prince lui disait : elle lui répondit un flux de paroles qui n'étaient pas trop désobligeantes. Il fallait que cette princesse eût une étrange fureur de parler pour s'en acquitter comme elle faisait dans ces moments, car elle était dans un abattement terrible, outre qu'elle n'avait rien mangé de la journée ; par la raison qu'il n'y avait rien dans sa chambre propre à manger.

Comme elle était d'une paresse extrême, et qu'elle ne songeait jamais à rien, qu'à
toujours parler, elle n'avait pas la moindre prévoyance : quand elle avait besoin de quelque chose, elle avait recours à Finette ; et cette aimable princesse, qui était aussi laborieuse et prévoyante que ses sœurs l'étaient peu, avait toujours dans sa chambre
une infinité de massepains, de pâtes et de confitures sèches et liquides qu'elle avait
faites elle-même. Babillarde donc, qui n'avait pas le même avantage, se sentant pressée par la faim et par les tendres protestations que lui faisait le prince au travers de
la porte, l'ouvrit enfin à ce séducteur ; et, quand elle eut ouvert, il fit encore parfaitement le comédien auprès d'elle ; il avait bien étudié son rôle.

Ensuite ils sortirent tous deux de cette chambre, et s'en allèrent à l'office du château, où ils trouvèrent toutes sortes de rafraî-
chissements ; car le corbillon en fournissait toujours les princesses d'avance. Babillarde conti-
nuait d'abord à être en peine de ce qu'étaient
devenues ses sœurs ; mais elle s'alla mettre dans
l'esprit, sur je ne sais quel fondement, qu'elles
étaient sans doute toutes deux enfermées dans
la chambre de Finette, où elles ne manquaient
de rien. Riche-Cautèle fit tous ses efforts pour la
confirmer dans cette pensée et lui dit qu'ils

Elle vit : quelqu'un de sérieux au milieu des

iraient trouver ces princesses vers le soir : elle ne fut pas de cet avis ; elle répondit
qu'il fallait les aller chercher quand ils auraient mangé.

Enfin le prince et la princesse mangèrent ensemble de fort bon accord ; et, après
qu'ils eurent achevé, Riche-Cautèle demanda à aller voir le bel appartement du château, il donna la main à la princesse, qui le mena dans ce lieu ; et, quand il y fut, il
recommença à exagérer la tendresse qu'il avait pour elle, et les avantages qu'elle
trouverait en l'épousant. Il lui dit, comme il avait dit à Nonchalante, qu'elle devait
accepter sa foi au moment même, parce que, si elle allait trouver ses sœurs avant
que de l'avoir reçu pour époux, elles ne manqueraient pas de s'y opposer, puisque,
étant sans contredit le plus puissant prince voisin, il paraissait plus vraisemblable-
ment un parti pour l'aînée que pour elle ; qu'ainsi cette princesse ne consentirait
jamais à une union qu'il souhaitait avec toute l'ardeur imaginable. Babillarde, après
bien des discours qui ne signifiaient rien, fut aussi extravagante que l'avait été sa

sœur : elle accepta le prince pour époux, et ne se souvint des effets de sa quenouille
de verre qu'après que cette quenouille se fût cassée en cent pièces.

Vers le soir, Babillarde retourna dans sa chambre avec le prince, et la première
chose que vit cette princesse, ce fut sa quenouille de verre en morceaux. Elle se trou-
bla à ce spectacle ; le prince lui demanda le sujet de son trouble. Comme la rage de
parler la rendait incapable de rien taire, elle dit sottement à Riche-Cautèle le mys-
tère des quenouilles ; et ce prince eut une joie de scélérat de ce que le père des princesses serait par là entièrement convaincu de la mauvaise conduite de ses filles.

Cependant Babillarde n'était pas en humeur d'aller chercher ses sœurs : elle craignait
avec raison qu'elles ne pussent approuver sa conduite ; mais le prince offrit de les aller
trouver, et dit qu'il ne manquerait de moyens pour les persuader de l'approuver. Après
cette assurance, la princesse, qui n'avait pas dormi de la nuit, s'assoupit : et, pendant
qu'elle dormait, Riche-Cautèle l'enferma à clef, comme il avait fait de Nonchalante.

N'est-il pas vrai, belle comtesse, que ce Riche-Cautèle était un grand scélérat, et ces
deux princesses de lâches et imprudentes personnes ? Je suis fort en colère contre
tous ces gens-là, et je ne doute pas que vous n'y soyez beaucoup aussi ; mais ne vous
inquiétez point, ils seront tous traités comme ils le méritent. Il n'y aura que la sage
et courageuse Finette qui triomphera.

Quand ce prince perfide eut enfermé Babillarde, il alla dans toutes les chambres du
château, les unes après les autres ; et comme il les trouva toutes ouvertes, il conclut
qu'une seule, qu'il voyait fermée par dedans, était assurément celle où s'était retirée
Finette. Comme il avait composé une harangue circulaire, il s'en alla débiter à la porte
de Finette les mêmes choses qu'il avait dites à ses sœurs. Mais cette princesse, qui
n'était pas une dupe comme ses aînées, l'écouta assez longtemps sans lui répondre.
Enfin, voyant qu'il était éclairci qu'elle était dans sa chambre, elle lui dit que, s'il était
vrai qu'il eût une tendresse aussi forte et aussi sincère pour elle qu'il voulait le lui persuader, elle le priait de descendre dans le jardin et d'en fermer la porte sur lui ;
et qu'après elle lui parlerait tant qu'il voudrait par la fenêtre de sa chambre, qui
donnait sur le jardin.

Riche-Cautèle ne voulut point accepter ce parti ; et, comme la princesse s'opiniâtrait
toujours à ne point vouloir ouvrir, ce méchant prince, outré d'impatience, alla quérir
une bûche et enfonça la porte. Il trouva Finette armée d'un gros marteau, qu'on avait
laissé par hasard dans une garde-robe qui était proche de sa chambre. L'émotion ani-

mait le teint de cette princesse; et, quoique ses yeux fussent pleins de colère, elle parut à Riche-Cautèle d'une beauté à enchanter. Il voulut se jeter à ses pieds; mais elle lui dit fièrement, en reculant : « Prince, si vous approchez de moi, je vous fendrai la tête avec ce marteau. — Quoi! belle princesse, s'écria Riche-Cautèle de son ton hypocrite, l'amour qu'on a pour vous s'attire une si cruelle haine? » Il se mit à lui prôner de nouveau, mais d'un bout de la chambre à l'autre, l'ardeur violente que lui avait inspirée la réputation de sa beauté et de son esprit merveilleux. Il ajouta qu'il ne s'était déguisé que pour venir lui offrir avec respect son cœur et sa main, et lui dit qu'elle devait pardonner à la violence de sa passion la hardiesse qu'il avait eue d'enfoncer sa porte. Il finit en lui voulant persuader, comme il l'avait fait à ses sœurs, qu'il était de son intérêt de le recevoir pour époux au plus vite. Il dit encore à Finette qu'il ne savait par où s'étaient retirées les princesses ses sœurs, parce qu'il ne s'était pas mis en peine de les chercher, n'ayant songé qu'à elle. L'adroite princesse, feignant de se radoucir, lui dit qu'il fallait chercher ses sœurs, et qu'après on prendrait des mesures tous ensemble; mais Riche-Cautèle lui répondit qu'il ne pouvait se résoudre à aller trouver les princesses, qu'elle n'eût consenti à l'épouser, parce que ses sœurs ne manqueraient pas de s'y opposer à cause de leur droit d'aînesse.

Finette, qui se défiait avec raison de ce prince perfide, sentit redoubler ses soupçons par cette réponse : elle trembla de ce qui pouvait être arrivé à ses sœurs, et se résolut de les venger du même coup qui lui ferait éviter un malheur pareil à celui qu'elle jugeait qu'elles avaient eu. Cette jeune princesse dit donc à Riche-Cautèle qu'elle consentait sans peine à l'épouser, mais qu'elle était persuadée que les mariages qui se faisaient le soir étaient toujours malheureux, qu'ainsi elle le priait de remettre la cérémonie de se donner une foi réciproque au lendemain matin : elle ajouta qu'elle l'assurait de n'avertir les princesses de rien, et lui dit qu'elle le priait de la laisser un peu de temps seule pour penser au ciel : qu'ensuite elle le mènerait dans une chambre où il trouverait un fort bon lit, et qu'après elle reviendrait s'enfermer chez elle jusqu'au lendemain.

Riche-Cautèle, qui n'était pas un fort courageux personnage, et qui voyait toujours Finette armée du gros marteau dont elle badinait comme on fait d'un éventail : Riche-Cautèle, dis-je, consentit à ce que souhaitait la princesse, et se retira pour la laisser quelque temps méditer. Il ne fut pas plus tôt éloigné, que Finette courut faire un lit sur le trou d'un égout qui était dans une chambre du château. Cette chambre était aussi propre qu'une autre; mais on jetait dans le trou de cet égout, qui était fort spacieux, toutes les ordures du château. Finette mit sur ce trou deux bâtons croisés très faibles ; puis elle fit bien proprement un lit par-dessus, et s'en retourna aussitôt dans sa chambre. Un moment après, Riche-Cautèle y revint, et la princesse le conduisit où elle venait de faire le lit, et se retira.

Le prince, sans se déshabiller, se jeta sur le lit avec précipitation, et sa pesanteur ayant fait tout d'un coup rompre les petits bâtons, il tomba au fond de l'égout, sans pouvoir se retenir, en se faisant vingt bosses à la tête, et en se fracassant de tous côtés. La chute du prince fit un grand bruit dans le tuyau : d'ailleurs il n'était pas éloigné de la chambre de Finette ; elle sut aussitôt que son artifice avait eu tout le succès qu'elle s'était promis, et elle en ressentit une joie secrète qui lui fut extrême-

Il se jeta sur le lit avec précipitation

ment agréable. On ne peut pas décrire le plaisir qu'elle eut de l'entendre barboter dans l'égout. Il méritait bien cette punition, et la princesse avait raison d'en être satisfaite. Mais sa joie ne l'occu-pait pas si fort qu'elle ne pensât plus à ses sœurs. Son premier soin fut de les chercher. Il lui fut facile de trouver Babillarde. Riche-Cautèle, après avoir enfermé cette princesse à double tour, avait laissé la clef à sa chambre. Finette entra dans cette chambre avec empressement et le bruit qu'elle fit réveilla sa sœur en sursaut. Elle fut bien confuse en la voyant. Finette lui raconta de quelle manière elle s'était défaite du prince fourbe qui était venu pour les outrager. Babillarde fut frappée de cette nouvelle comme d'un coup de foudre ; car, malgré son caquet, elle était si peu éclairée, qu'elle avait cru ridiculement tout ce que Riche-Cautèle lui avait dit. Il y a encore des dupes comme celle-là au monde.

Cette princesse, dissimulant l'excès de sa douleur, sortit de sa chambre pour aller avec Finette chercher Nonchalante. Elles parcoururent toutes les chambres du château sans trouver leur sœur ; enfin Finette s'avisa qu'elle pouvait bien être dans l'appar-tement du jardin : elles l'y trouvèrent en effet, demi-morte de désespoir et de fai-blesse, car elle n'avait pris aucune nourriture de la journée. Les princesses lui don-nèrent tous les secours nécessaires, ensuite elles firent ensemble des éclaircissements qui mirent Nonchalante et Babillarde dans une douleur mortelle ; puis toutes trois s'en allèrent reposer.

Cependant Riche-Cautèle passa la nuit fort mal à son aise, et, quand le jour fut venu, il ne fut guère mieux. Ce prince se trouvait dans des cavernes dont il ne pouvait pas voir toute l'horreur, parce que le jour n'y donnait jamais. Néanmoins, à force de se tourmenter, il trouva l'issue de l'égout qui donnait dans une rivière assez éloignée du château. Il trouva moyen de se faire entendre à des gens qui pêchaient dans cette rivière, dont il fut tiré dans un état qui fit compassion à ces bonnes gens. Il se fit transporter à la cour du roi son père, pour se faire guérir à loisir, et la disgrâce qui lui était arrivée lui fit prendre une si forte haine contre Finette, qu'il songea moins à se guérir qu'à se venger d'elle.

Cette princesse passait des moments bien tristes: la gloire lui était mille fois plus chère que la vie, et la honteuse faiblesse de ses sœurs la mettait dans un désespoir dont elle avait peine à se rendre maîtresse. Cependant la mauvaise santé de ces deux princesses, qui était causée par les suites de leur mariage indigne, mit encore la constance de Finette à l'épreuve. Riche-Cautèle, qui était déjà un habile fourbe, rappela tout son esprit depuis son aventure pour devenir fourbissime. L'égout ni les contusions ne lui donnaient pas tant de chagrin que le dépit d'avoir trouvé quelqu'un plus fin que lui. Il se douta des suites des deux mariages; et pour tenter les deux princesses malades, il fit porter, sous les fenêtres de leur château, de grandes caisses remplies d'arbres tout chargés de beaux fruits. Nonchalante et Babillarde, qui étaient souvent aux fenêtres, ne manquèrent pas de voir ces fruits; aussitôt il leur prit une envie violente d'en manger, et elles persécutèrent Finette de descendre dans le corbillon pour en aller cueillir. La complaisance de cette princesse fut assez grande pour vouloir bien contenter ses sœurs; elle descendit, et leur apporta de ces beaux fruits, qu'elles mangèrent avec la dernière avidité.

Le lendemain il parut des fruits d'une autre espèce. Nouvelle envie des princesses, nouvelle complaisance de Finette; mais les officiers de Riche-Cautèle, cachés, et qui avaient manqué leur coup la première fois, ne le manquèrent pas celle-ci; ils se saisirent de Finette et l'emmenèrent, aux yeux de ses sœurs, qui s'arrachaient les cheveux de désespoir.

Les satellites de Riche-Cautèle firent si bien qu'ils menèrent Finette dans une maison de campagne où était le prince pour achever de se remettre en santé. Comme il était transporté de fureur contre cette princesse, il lui dit cent choses brutales, à quoi elle répondit toujours avec une fermeté et une grandeur d'âme dignes d'une héroïne comme elle était. Enfin, après l'avoir gardée quelques jours prisonnière, il la fit conduire au sommet d'une montagne extrêmement haute, et il y arriva lui-même un moment après elle. Dans ce lieu, il lui annonça qu'on l'allait faire mourir d'une manière qui le vengerait des tours qu'elle lui avait faits. Ensuite ce perfide prince montra barbarement à Finette un tonneau tout hérissé par dedans de canifs, de rasoirs et de clous à crochet, et lui dit que, pour la punir comme elle le méritait, on allait la jeter dans ce tonneau, puis le rouler du haut de la montagne en bas.

Quoique Finette ne fût pas Romaine, elle ne fut pas plus effrayée du supplice qu'on lui préparait que Régulus ne l'avait été autrefois à la vue d'un destin pareil. Cette jeune princesse conserva toute sa fermeté et même toute sa présence d'esprit. Riche-

Elle le fit rouler du haut de la montagne.

Cautèle, au lieu d'admirer son caractère héroïque, en prit une nouvelle rage contre elle et songea à hâter sa mort. Dans cette vue, il se baissa vers l'entrée du tonneau qui devait être l'instrument de sa vengeance, pour examiner s'il était bien fourni de ses armes meurtrières. Finette, qui vit son persécuteur attentif à regarder, ne perdit point de temps ; elle le jeta dans le tonneau, et elle le fit rouler du haut de la montagne en bas, sans donner au prince le temps de se reconnaître. Après ce coup, elle prit la fuite ; et les officiers du prince, qui avaient vu avec une extrême douleur la manière cruelle dont leur maître voulait traiter cette aimable princesse, n'eurent garde de courir après elle pour l'arrêter. D'ailleurs ils étaient si effrayés de ce qui venait d'arriver à Riche-Cautèle, qu'ils ne purent songer à autre chose qu'à tâcher d'arrêter le tonneau, qui roulait avec violence ; mais leurs soins furent inutiles : il roula jusqu'au bas de la montagne, et ils en tirèrent leur prince couvert de mille plaies.

L'accident de Riche-Cautèle mit au désespoir le roi Moult-Bénin et le prince Bel-à-Voir. Pour les peuples de leurs États, ils n'en furent point touchés. Riche-Cautèle en était très haï, et même l'on s'étonnait de ce que le jeune prince, qui avait des sentiments si nobles et si généreux, pût tant aimer cet indigne aîné. Mais tel était le bon naturel de Bel-à-Voir, qu'il s'attachait fortement à tous ceux de son sang ; et Riche-Cautèle avait toujours eu l'adresse de lui témoigner tant d'amitié, que ce généreux prince n'aurait jamais pu se pardonner de n'y pas répondre avec vivacité. Bel-à-Voir eut donc une douleur violente des blessures de son frère, et il mit tout en usage pour tâcher de les guérir promptement ; cependant, malgré les soins empressés que tout le monde en prit, rien ne soulageait Riche-Cautèle ; au contraire, ses plaies semblaient s'envenimer de plus en plus, et le faire souffrir longtemps.

Finette, après s'être dégagée de l'effroyable danger qu'elle avait couru, avait encore regagné heureusement le château où elle avait laissé ses sœurs, et n'y fut pas longtemps sans être livrée à de nouveaux chagrins. Les deux princesses mirent au monde chacune un fils, dont Finette se trouva fort embarrassée. Cependant le courage de cette princesse ne s'abattit point : l'envie qu'elle eut de cacher la honte de ses sœurs la fit résoudre à s'exposer encore une fois, quoiqu'elle en vît bien le péril. Elle prit, pour faire réussir le dessein qu'elle avait, toutes les mesures que la prudence peut inspirer : elle se déguisa en homme, enferma les enfants de ses sœurs dans des boîtes, et elle y fit de petits trous, vis-à-vis la bouche de ces enfants, pour leur laisser la respiration ; elle prit un cheval, emporta ces boîtes et quelques autres, et dans cet équipage elle arriva à la ville capitale du roi Moult-Bénin, où était Riche-Cautèle.

Quand Finette fut dans cette ville, elle apprit que la manière magnifique dont le prince Bel-à-Voir récompensait les remèdes qu'on donnait à son frère avait attiré à la cour tous les charlatans de l'Europe ; car, dès ce temps-là, il y avait quantité d'aventuriers sans emploi, sans talent, qui se donnaient pour des hommes admirables, qui avaient reçu des dons du ciel pour guérir toutes sortes de maux. Ces gens, dont la seule science était de toucher hardiment, trouvaient toujours beaucoup de croyance parmi les peuples. Ils savaient leur en imposer par leur extérieur extraordinaire et par les noms bizarres qu'ils prenaient. Ces sortes de médecins ne restent jamais dans le lieu de leur naissance ; et la prérogative de venir de loin leur tient souvent lieu de mérite chez le vulgaire.

L'ingénieuse princesse, bien informée de tout cela, se donna un nom étranger pour ce royaume-là : ce nom était Sanatio ; puis elle fit annoncer de tous côtés que le chevalier Sanatio était arrivé avec des secrets merveilleux pour guérir toutes sortes de blessures les plus dangereuses et les plus envenimées. Aussitôt Bel-à-Voir envoya quérir le prétendu chevalier. Finette vint, fit le médecin empirique le mieux du monde, débita cinq ou six mots de l'art d'un air cavalier : rien n'y manquait. Cette princesse fut surprise de la bonne mine et des manières agréables de Bel-à-Voir, et, après avoir raisonné quelque temps avec ce prince au sujet des blessures de Riche-Cautèle, elle dit qu'elle allait quérir une bouteille d'une eau incomparable, et que cependant elle laissait deux boîtes qu'elle avait apportées, et qui contenaient des onguents excellents, propres au prince blessé.

Là-dessus, le prétendu médecin sortit ; il ne revenait point ; l'on s'impatientait beaucoup de le voir tant tarder. Enfin, comme on allait envoyer le presser de revenir, on entendit des cris de petits enfants dans la chambre de Riche-Cautèle. Cela surprit tout le monde, car il ne paraissait point d'enfants. Quelqu'un prêta l'oreille, et on découvrit que ces cris venaient des boîtes de l'empirique.

On fut fort surpris d'y voir deux marmots.

C'étaient en effet les neveux de Finette. Cette princesse leur avait fait prendre beaucoup de nourriture avant que de venir au palais ; mais, comme il y avait déjà longtemps, ils en souhaitaient de nouvelle, et ils expliquaient leurs besoins en chantant sur un ton dolent. On ouvrit les boîtes, et l'on fut fort surpris d'y voir bien effectivement deux marmots qu'on trouva fort jolis. Riche-Cautèle se douta aussitôt que c'était encore un nouveau tour de Finette : il en conçut une fureur qu'on ne peut pas dire, et ses maux en augmentèrent à un tel point, qu'on vit bien qu'il fallait qu'il en mourût.

Bel-à-Voir en fut pénétré de douleur, et Riche-Cautèle, perfide jusqu'à son dernier moment, songea à abuser de la tendresse de son frère. « Vous m'avez toujours aimé, prince, lui dit-il, et vous pleurez ma perte. Je n'ai plus besoin des preuves de votre amitié par rapport à la vie. Je meurs : mais si je vous ai été véritablement cher, promettez-moi de m'accorder la prière que je vais vous faire. »

Bel-à-Voir, qui, dans l'état où il voyait son frère, se sentait incapable de lui rien refuser, lui promit, avec les plus terribles serments, de lui accorder tout ce qu'il lui demanderait. Aussitôt que Riche-Cautèle eut entendu ces serments, il dit à son frère, en l'embrassant : « Je meurs consolé, prince, puisque je serai vengé ; car la prière que j'ai à vous faire, c'est de demander Finette en mariage aussitôt que je serai mort. Vous obtiendrez, sans doute, cette maligne princesse, et dès qu'elle sera en votre pouvoir,

vous lui plongerez un poignard dans le sein. Bel-à-Voir frémit d'horreur à ces mots:
il se repentit de l'imprudence de ses serments; mais il n'était plus temps de se dédire.
il ne voulut rien témoigner de son repentir à son frère, qui expira peu de temps après.
Le roi Moult-Bénin en eut une sensible douleur. Pour son peuple, loin de regretter
Riche-Cautèle, il fut ravi que sa mort rassurât la succession du royaume à Bel-à-Voir,
dont le mérite était chéri de tout le monde.

Finette, qui était encore une fois heureusement retournée avec ses sœurs, apprit
bientôt la mort de Riche-Cautèle, et peu de temps après on annonça aux trois princesses le retour du roi leur père. Ce prince vint avec empressement dans leur tour, et
son premier soin fut de demander à voir les quenouilles de verre. Nonchalante alla
quérir la quenouille de Finette, la montra au roi; puis, ayant fait une profonde révérence, elle reporta la quenouille où elle l'avait prise. Babillarde fit le même manège;
et Finette à son tour apporta sa quenouille; mais le roi, qui était soupçonneux, voulut
voir les trois quenouilles à la fois. Il n'y eut que Finette qui pût montrer la sienne, et
le roi entra dans une telle fureur contre ses deux filles aînées qu'il les envoya à l'heure
même à la fée qui lui avait donné les quenouilles, en la priant de les garder toute leur
vie auprès d'elle, et de les punir comme elles le méritaient.

Pour commencer la punition des princesses, la fée les mena dans une galerie de son
château enchanté, où elle avait fait peindre l'histoire d'un nombre infini de femmes
illustres qui s'étaient rendues célèbres par leurs vertus et par leur vie laborieuse. Par
un effet merveilleux de l'art de la féerie, toutes ces figures avaient du mouvement et
étaient en action depuis le matin jusqu'au soir. On voyait de tous côtés des trophées
et des devises à la gloire de ces femmes vertueuses, et ce ne fut pas une légère
mortification pour les deux sœurs de comparer le triomphe de ces héroïnes avec la
situation méprisable où leur malheureuse imprudence les avait réduites. Pour
comble de chagrin, la fée leur dit avec gravité que, si elles s'étaient aussi bien
occupées que celles dont elles voyaient les tableaux, elles ne seraient pas tombées
dans les indignes égarements où elles s'étaient perdues; mais que l'oisiveté était la
mère de tout vice et la source de tous leurs malheurs.

La fée ajouta que, pour les empêcher de retomber jamais dans des malheurs pareils,
et pour leur faire réparer le temps qu'elles avaient perdu, elle allait les occuper d'une
bonne manière. En effet, elle obligea les princesses de s'employer aux travaux les plus
grossiers et les plus vils; et sans égard pour leur teint, elle les envoyait cueillir des

9

pois dans ses jardins et en arracher les mauvaises herbes. Nonchalante ne put résister au désespoir qu'elle eut de mener une vie si peu conforme à ses inclinations ; elle mourut de chagrin et de fatigue. Babillarde, qui trouva moyen, quelque temps après, de s'échapper la nuit du château de la fée, se cassa la tête contre un arbre, et mourut de cette blessure entre les mains des paysans.

Le bon naturel de Finette lui fit ressentir une douleur bien vive du destin de ses sœurs, et, au milieu de ses chagrins, elle apprit que le prince Bel-à-Voir l'avait fait demander en mariage au roi, son père, qui l'avait accordée sans l'en avertir : car, dès ce temps-là l'inclination des parties était la moindre chose que l'on considérât dans les mariages. Finette trembla à cette nouvelle ; elle craignait avec raison que la haine que Riche-Cautèle avait pour elle n'eût passé dans le cœur d'un frère dont il était si chéri ; et elle appréhenda que ce jeune prince ne voulût l'épouser que pour la sacrifier à son frère. Pleine de cette inquiétude, la princesse alla consulter la sage fée, qui l'estimait autant qu'elle avait méprisé Nonchalante et Babillarde.

La fée ne voulut rien révéler à Finette, elle lui dit seulement : « Princesse, vous êtes sage et prudente ; vous n'avez pris jusqu'ici des mesures si justes pour votre conduite qu'en vous mettant toujours dans l'esprit que *la prudence est la mère de la sûreté*. Continuez de vous souvenir vivement de l'importance de cette maxime, et vous parviendrez à être heureuse sans le secours de mon art. » Finette, n'ayant pu tirer d'autres éclaircissements de la fée, s'en retourna au palais dans une extrême agitation.

Quelques jours après, cette princesse fut épousée par un ambassadeur, au nom du prince Bel-à-Voir ; et on l'emmena trouver son époux dans un équipage magnifique. On lui fit des entrées de même dans les deux premières villes frontières du roi Moult-Bénin ; et dans la troisième elle trouva le prince Bel-à-Voir qui était venu au-devant d'elle par l'ordre de son père. Tout le monde était surpris de voir la tristesse de ce jeune prince aux approches d'un mariage qu'il avait témoigné souhaiter : le roi même lui en faisait la guerre, et l'avait envoyé, malgré lui, au-devant de la princesse.

Quand Bel-à-Voir la vit, il fut frappé de ses charmes, il lui en fit compliment, mais d'une manière si confuse que les deux cours, qui savaient combien ce prince était spirituel et galant, crurent qu'il en était si vivement touché, qu'à force d'être amoureux il perdait sa présence d'esprit. Toute la ville retentissait des cris de joie, et l'on n'entendait de tous côtés que des concerts et des feux d'artifice. Enfin, après un souper magnifique, on songea à mener les deux époux dans leur appartement.

Finette, qui se souvenait toujours de la maxime que la fée lui avait renouvelée dans l'esprit, avait son dessein en tête. Cette princesse avait gagné une de ses femmes qui avait la clef du cabinet de l'appartement qu'on lui destinait, et elle avait donné ordre à cette femme de porter dans ce cabinet de la paille, une vessie, du sang de mouton, et les boyaux de quelques-uns des animaux qu'on avait mangés au souper. La princesse passa dans ce cabinet sous quelque prétexte, et composa une figure de paille dans laquelle elle mit les boyaux et la vessie pleine de sang. Ensuite elle ajusta cette figure en déshabillé de femme et en bonnet de nuit. Lorsque Finette eut achevé cette belle marionnette, elle alla rejoindre la compagnie, et peu de temps après on conduisit la princesse et son époux dans leur appartement.

Quand on eut donné à la toilette le temps qu'il lui fallait donner, la dame d'honneur emporta les flambeaux et se retira. Aussitôt Finette jeta la femme de paille dans le lit, et se cacha dans un des coins de la chambre.

Le prince, après avoir soupiré deux ou trois fois tout haut, prit son épée, et la passa au travers du corps de la prétendue Finette. Au même moment il sentit le sang ruisseler de tous côtés, et trouva la femme de paille sans mouvement. « Qu'ai-je fait? s'écria Bel-à-Voir. Quoi! après

Il prit son épée et la passa au travers du corps.

tant de cruelles agitations, quoi! après avoir tant balancé si je garderais mes serments aux dépens d'un crime, j'ai ôté la vie à une charmante princesse que j'étais né pour aimer! Ses charmes m'ont ravi dès le moment que je l'ai vue: cependant je n'ai pas eu la force de m'affranchir d'un serment qu'un frère possédé de fureur avait exigé de moi par une indigne surprise! Ah ciel! peut-on songer à vouloir punir une femme d'avoir trop de vertu? Eh bien! Riche-Cautèle, j'ai satisfait ton injuste vengeance: mais je vais venger Finette à son tour par ma mort. Oui, belle princesse, il faut que la même épée... »

A ces mots, Finette entendit que le prince, qui, dans son transport, avait laissé tomber son épée, la cherchait pour se la passer au travers du corps : elle ne voulut pas qu'il fit une telle sottise; ainsi elle lui cria:

« Prince, je ne suis pas morte. Votre bon cœur m'a fait deviner votre repentir : et, par une tromperie innocente, je vous ai épargné un crime. »

Là-dessus Finette raconte à Bel-à-Voir la prévoyance qu'elle avait eue touchant la femme de paille. Le prince, transporté de joie d'apprendre que la princesse vivait, admira la prudence qu'elle avait en toutes sortes d'occasions, et lui eut une obligation infinie de lui avoir épargné un crime auquel il ne pouvait penser sans horreur ; et il ne comprenait pas comment il avait eu la faiblesse de ne pas voir la nullité des malheureux serments qu'on avait exigés de lui par artifice.

Cependant, si Finette n'eût pas toujours été bien persuadée que *prudence est mère de sûreté*, elle eût été tuée, et sa mort eût été cause de celle de Bel-à-Voir ; et puis après on aurait raisonné à loisir sur la bizarrerie des sentiments de ce prince. Vive la prudence et la présence d'esprit ! elles préservèrent ces deux époux de malheurs bien funestes, pour les réserver à un destin le plus doux du monde. Ils eurent toujours l'un pour l'autre une tendresse extrême, et passèrent une longue suite de beaux jours dans une gloire et dans une félicité qu'on aurait peine à décrire.

PEAU-D'ANE

L était une fois un roi si grand, si aimé de ses peuples, si respecté de tous ses voisins et de ses alliés, qu'on pouvait dire qu'il était le plus heureux de tous les monarques. Son bonheur était encore confirmé par le choix qu'il avait fait d'une princesse aussi belle que vertueuse ; et ces heureux époux vivaient dans une union parfaite.

De leur chaste hymen était née une fille, douée de tant de grâces et de charmes, qu'ils ne regrettaient point de n'avoir pas une plus ample lignée.

La magnificence, le goût et l'abondance régnaient dans son palais : les ministres étaient sages et habiles ; les courtisans vertueux et attachés ; les domestiques fidèles et laborieux ; les écuries vastes et remplies des plus beaux chevaux du monde, couverts de riches caparaçons : mais ce qui étonnait les étrangers qui venaient admirer ces belles écuries, c'est qu'au lieu le plus apparent, un maître âne étalait de longues et grandes oreilles. Ce n'était pas par fantaisie, mais avec raison, que le

Un âne étalait ses longues oreilles.

roi lui avait donné une place particulière et distinguée. Les vertus de ce rare animal méritaient cette distinction, puisque la nature l'avait formé si extraordinaire, que sa litière, au lieu d'être malpropre, était couverte, tous les matins, avec profusion, de beaux écus et de louis d'or de toute espèce, qu'on allait recueillir à son réveil.

Or, comme les vicissitudes de la vie s'étendent aussi bien sur les rois que sur les sujets, et que toujours les biens sont mêlés de quelques maux, le ciel permit que la reine fût tout à coup attaquée d'une âpre maladie, pour laquelle, malgré la science et l'habileté des médecins, on ne put trouver aucun secours. La désolation fut générale. Le roi sensible et amoureux, malgré le proverbe fameux qui dit que l hymen est le tombeau de l'amour. s'affligeait sans modération, faisait des vœux ardents à tous les temples de son royaume, offrit sa vie pour celle d'une épouse si chère ; mais les dieux et les fées étaient invoqués en vain. La reine sentant sa dernière heure approcher, dit à son époux qui fondait en larmes · « Trouvez bon, avant que je meure, que j'exige une chose de vous : c'est que. s'il vous prenait envie de vous remarier... » A ces mots. le roi fit des cris pitoyables, prit les mains de sa femme, les baigna de pleurs : et l'assurant qu'il était superflu de lui parler d'un second hyménée : « Non, non, dit-il enfin, ma chère reine parlez-moi plutôt de vous suivre. — L'État, reprit la reine avec une fermeté qui augmentait les regrets de ce prince. l'État doit exiger des successeurs, et, comme je ne vous ai donné qu'une fille vous presser d'avoir des fils qui vous ressemblent, mais je vous demande instamment, par tout l'amour que vous avez eu pour moi, de ne céder à l empressement de vos peuples que lorsque vous aurez trouvé une princesse plus belle et mieux faite que moi ; j'en veux votre serment, et alors je mourrai contente. »

On présume que la reine, qui ne manquait pas d'amour-propre, avait exigé ce serment, ne croyant qu il fût au monde personne qui pût l'égaler, pensant bien que c'était s'assurer que le roi ne se remarierait jamais. Enfin elle mourut. Jamais mari ne fit tant de vacarme ; pleurer, sangloter jour et nuit. menus droits du veuvage furent son unique occupation.

Les grandes douleurs ne durent pas. D'ailleurs les grands de l'État s'assemblèrent. et vinrent en corps prier le roi de se remarier. Cette première proposition lui parut dure et lui fit répandre de nouvelles larmes. Il allégua le serment qu'il avait fait à la reine. défiant tous ses conseillers de pouvoir trouver une princesse plus belle et mieux faite que feue sa femme, pensant que cela était impossible. Mais le conseil traita de babiole une telle promesse, et dit qu'il importait peu de la beauté, pourvu qu'une reine fût vertueuse et point stérile ; que l État demandait des princes pour son repos et sa tranquillité ; qu'à la vérité l'infante [1] avait toutes les qualités requises pour

---

1 Nom qu on donne aux filles des rois en Espagne et en Portugal

faire une grande reine, mais qu'il fallait lui choisir un étranger pour époux ; et qu'alors, ou cet étranger l'emmènerait chez lui, ou que, s'il régnait avec elle, ses enfants ne seraient plus réputés du même sang, et que, n'y ayant point de prince de son nom, les peuples voisins pourraient leur susciter des guerres qui entraîneraient la ruine du royaume. Le roi, frappé de ces considérations, promit qu'il songerait à les contenter.

Effectivement il chercha, parmi les princesses à marier, qui serait celle qui pourrait lui convenir. Chaque jour on lui apportait des portraits charmants : mais aucun n'avait les grâces de la feue reine : ainsi il ne se déterminait point. Malheureusement, il s'avisa de trouver que l'infante, sa fille, était non seulement belle et bien faite à ravir, mais qu'elle surpassait encore de beaucoup la reine sa mère en esprit et en agréments. Sa jeunesse, l'agréable fraîcheur de son beau teint enflamma le roi d'un feu si violent qu'il ne put le cacher à l'infante, et il lui dit qu'il avait résolu de l'épouser, puisqu'elle seule pouvait le dégager de son serment.

Elle partit dans un cabriolet attelé d'un gros mouton.

La jeune princesse, remplie de vertu et de pudeur, pensa s'évanouir à cette horrible proposition. Elle se jeta aux pieds du roi, son père, et le conjura, avec toute la force qu'elle put trouver dans son esprit, de ne la pas contraindre à commettre un tel crime.

Le roi qui s'était mis en tête ce bizarre projet, avait consulté un vieux druide[1] pour mettre la conscience de la princesse en repos. Ce druide, moins religieux qu'ambitieux, sacrifia, à l'honneur d'être confident d'un grand roi, l'intérêt de l'innocence et de la vertu, et s'insinua avec tant d'adresse dans l'esprit du roi, lui adoucit tellement le crime qu'il allait commettre, qu'il lui persuada même que c'était une œuvre pie que d'épouser sa fille. Ce prince, flatté par les discours de ce scélérat, l'embrassa, et revint d'avec lui plus entêté que jamais dans son projet : il fit donc ordonner à l'infante de se préparer à lui obéir.

La jeune princesse, outrée d'une vive douleur, n'imagina rien autre chose que

1. Prêtre des anciens Gaulois.

d'aller trouver la fée des Lilas, sa marraine. Pour cet effet, elle partit la même nuit dans un joli cabriolet attelé d'un gros mouton qui savait tous les chemins. Elle y arriva heureusement. La fée, qui aimait l'infante, lui dit qu'elle savait tout ce qu'elle venait lui dire, mais qu'elle n'eût aucun souci, rien ne pouvant lui nuire si elle exécutait fidèlement ce qu'elle allait lui prescrire : « car ma chère enfant, lui dit-elle, ce serait une grande faute que d'épouser votre père ; mais, sans le contredire, vous pouvez l'éviter : dites-lui que, pour remplir une fantaisie que vous avez, il faut qu'il vous donne une robe de la couleur du temps ; jamais avec tout son amour et son pouvoir, il ne pourra y parvenir. »

La princesse remercia bien sa marraine ; et dès le lendemain matin elle dit au roi son père ce que la fée lui avait conseillé, et protesta qu'on ne tirerait d'elle aucun aveu qu'elle n'eût une robe couleur du temps. Le roi, ravi de l'espérance qu'elle lui donnait, assembla les plus fameux ouvriers, et leur commanda cette robe, sous la condition que, s'ils ne pouvaient réussir, il les ferait tous pendre. Il n'eut pas le chagrin d'en venir à cette extrémité : dès le second jour, ils apportèrent la robe si désirée. L'empyrée n'est pas d'un plus beau bleu, lorsqu'il est ceint de nuages d'or, que cette belle robe lorsqu'elle fut étalée. L'infante en fut toute contristée et ne savait comment se tirer d'embarras. Le roi pressait la conclusion. Il fallut recourir encore à la marraine, qui, étonnée de ce que son secret n'avait pas réussi, lui dit d'essayer d'en demander une de la couleur de la lune. Le roi qui ne pouvait rien lui refuser, envoya chercher les plus habiles ouvriers, et leur commanda si expressément une robe couleur de la lune, qu'entre donner et apporter il n'y eut pas vingt-quatre heures.

L'infante, plus charmée de cette superbe robe que des soins du roi son père, s'affligea immodérément lorsqu'elle fut avec ses femmes et sa nourrice. La fée des Lilas, qui savait tout, vint au secours de l'affligée princesse et lui dit : « Ou je me trompe fort, ou je crois que, si vous lui demandez une robe couleur du soleil, nous viendrons à bout de dégoûter le roi votre père, car jamais on ne pourra parvenir à faire une pareille robe, ou nous gagnerons au moins du temps. »

L'infante en convint, demanda la robe ; et l'amoureux roi donna, sans regret, tous les diamants et les rubis de sa couronne pour aider à ce superbe ouvrage, avec ordre de ne rien épargner pour rendre cette robe égale au soleil. Aussi, dès qu'elle parut, tous ceux qui la virent déployée furent obligés de fermer les yeux tant ils furent éblouis. C'est de ce temps que datent les lunettes vertes et les verres noirs. Que devint l'infante à cette vue? Jamais on n'avait rien vu de si beau et de si artistement travaillé. Elle était confondue et, sous prétexte d'avoir mal aux yeux, elle se retira dans sa chambre, où la fée l'attendait, plus honteuse qu'on ne peut dire. Ce fut bien pis; car, en voyant la robe du soleil, elle devint rouge de colère.

« Oh! pour le coup, ma fille, dit-elle à l'infante, nous allons mettre l'indigne amour de votre père à une terrible épreuve. Je le crois bien entêté de ce mariage qu'il croit si prochain; mais je pense qu'il sera un peu étourdi de la demande que je vous conseille de lui faire; c'est la peau de cet âne qu'il aime si passionnément et qui fournit à toutes ses dépenses avec tant de profusion; allez, et ne manquez pas de lui dire que vous désirez cette peau. »

L'infante, ravie de trouver encore un moyen d'éluder un mariage qu'elle détestait, et qui pensait en même temps que son père ne pourrait jamais se résoudre à sacrifier son âne, vint le trouver, et lui exposa son désir pour la peau de ce bel animal. Quoique le roi fût étonné de cette fantaisie, il ne balança pas à la satisfaire. Le pauvre âne fut sacrifié et la peau galamment apportée à l'infante qui, ne voyant plus aucun moyen d'éluder son malheur, s'allait désespérer, lorsque sa marraine accourut.

« Que faites-vous, ma fille? dit-elle, voyant la princesse déchirant ses cheveux et meurtrissant ses belles joues; voici le moment le plus heureux de votre vie. Enveloppez-vous de cette peau, sortez de ce palais et allez tant que terre pourra vous porter; lorsqu'on sacrifie tout à la vertu, les dieux savent en récompenser. Allez, j'aurai soin que votre toilette vous suive partout; en quelque lieu que vous vous arrêtiez, votre cassette, où seront vos habits et vos bijoux, suivra vos pas sous terre; et voici ma baguette que je vous donne; en frappant la terre quand vous aurez besoin de cette cassette, elle paraîtra à vos yeux, mais hâtez-vous de partir, et ne tardez pas. »

L'infante embrassa mille fois sa marraine, la pria de ne pas l'abandonner, s'affubla de cette vilaine peau, après s'être barbouillée de suie de cheminée, et sortit de ce riche palais sans être reconnue de personne.

L'absence de l'infante causa une grande rumeur. Le roi, au désespoir, qui avait fait préparer une fête magnifique, était inconsolable. Il fit partir plus de cent gendarmes et plus de mille mousquetaires pour aller à la quête de sa fille; mais la fée, qui la protégeait, la rendait invisible aux plus habiles recherches.

10

Ainsi il fallut bien s'en consoler.

Pendant ce temps l'infante cheminait. Elle alla bien loin, bien loin, encore plus loin, et cherchait partout une place, mais quoique par charité on lui donnât à manger, on la trouvait si crasseuse que personne n'en voulait. Cependant elle entra dans une belle ville, à la porte de laquelle était une métairie, dont la fermière avait besoin d'un souillon pour laver les torchons, nettoyer les dindons et l'auge des cochons. Cette femme, voyant cette voyageuse si malpropre, lui proposa d'entrer chez elle, ce que l'infante accepta de grand cœur, tant elle était lasse

Elle s'avisa de se mirer dans la fontaine

d'avoir tant marché. On la mit dans un coin reculé de la cuisine, où elle fut les premiers jours, en butte aux plaisanteries grossières de la valetaille, tant sa peau d'âne la rendait sale et dégoûtante. Enfin on s'y accoutuma; d'ailleurs elle était si soigneuse de remplir ses devoirs, que la fermière la prit sous sa protection. Elle conduisait les moutons, les faisait parquer au temps où il le fallait; elle menait les dindons paître avec une telle intelligence, qu'il semblait qu'elle n'eût jamais fait autre chose : aussi tout fructifiait sous ses belles mains.

Un jour qu'assise près d'une claire fontaine, où elle déplorait souvent sa triste condition, elle s'avisa de s'y mirer, l'effroyable peau d'âne, qui faisait sa coiffure et son habillement, l'épouvanta. Honteuse de cet ajustement, elle se décrassa le visage et les mains, qui devinrent plus blanches que de l'ivoire, et son beau teint reprit sa fraîcheur naturelle.

La joie de se trouver si belle lui donna envie de s'y baigner, ce qu'elle exécuta; mais il lui fallut remettre son indigne peau, pour retourner à la métairie. Heureusement le lendemain était un jour de fête, ainsi elle eut le loisir de tirer sa cassette, d'arranger sa toilette de poudrer ses beaux cheveux, et de mettre sa belle robe couleur du temps. Sa chambre était si petite, que la queue de cette belle robe ne pouvait pas s'étendre. La belle princesse se mira et s'admira elle-même avec raison, si bien qu'elle résolut, pour se désennuyer, de mettre tour à tour ses belles robes les fêtes et les dimanches, ce qu'elle exécuta ponctuellement. Elle mêlait des fleurs et des dia-

mants dans ses beaux cheveux, avec un art admirable; et souvent elle soupirait de
n'avoir pour témoins de sa beauté que ses moutons et ses dindons, qui l'aimaient
autant avec son horrible peau d'âne, dont on lui avait donné le nom dans cette ferme

Un jour de fête que Peau-d'Ane avait mis la robe couleur de soleil, le fils du roi, à
qui cette ferme appartenait, vint y descendre pour se reposer en revenant de la chasse.
Ce prince étant jeune, beau et admirablement bien fait, l'amour de son père et de la
reine sa mère, adoré des peuples. On offrit à ce jeune prince une collation champêtre,
qu'il accepta, puis il se mit à parcourir les basses-cours et tous leurs recoins. En courant ainsi de lieu en lieu, il entra dans une sombre allée, au bout de laquelle il vit une
porte fermée. La curiosité lui fit mettre l'œil à la serrure, mais que devint-il en aper-
cevant la princesse si belle et si richement vêtue, qu'à son air noble et modeste il la
prit pour une divinité? L'impétuosité du sentiment qu'il éprouva dans ce moment l'aurait porté à enfoncer la porte, sans le respect que lui inspira cette ravissante personne.

Il sortit avec peine de cette allée sombre et obscure mais ce fut pour s'informer
qui était la personne qui demeurait dans cette petite chambre. On lui répondait que
c'était une souillon, qu'on nommait Peau-d'Ane, à cause de la peau dont elle s'ha-
billait, et qu'elle était si sale et si crasseuse, que personne ne la regardait ni ne lui
parlait, et qu'on ne l'avait prise que par pitié, pour garder les moutons et les dindons.

Le prince, peu satisfait de cet éclaircissement, vit bien que ces gens grossiers n'en
savaient pas davantage, et qu'il était inutile de les questionner Il revint au palais du
roi son père, plus amoureux qu'on ne peut dire ayant continuellement devant les
yeux la belle image de cette divinité qu'il avait vue par le trou de la serrure. Il se
repentit de n'avoir pas heurté à la porte, et se promit bien de n'y pas manquer une
autre fois. Mais l'agitation de son sang, causée par l'ardeur de son amour, lui donna,
dans la même nuit, une fièvre si terrible, que bientôt il fut réduit à toute extrémité.
La reine sa mère, qui n'avait que lui d'enfant, se désespérait de ce que tous les
remèdes étaient inutiles Elle promettait en vain les plus grandes récompenses aux
médecins: ils y employaient tout leur art, mais rien ne guérissait le prince.

Enfin, ils devinèrent qu'un mortel chagrin causait tout ce ravage; ils en avertirent
la reine, qui, toute pleine de tendresse pour son fils, vint le conjurer de dire la cause
de son mal, et que, quand il s'agirait de lui céder la couronne, le roi son père des-
cendrait de son trône sans regret, pour l'y faire monter, que s'il désirait quelque
princesse, quand même on serait en guerre avec le roi son père, et qu'on eût de justes

sujets pour s'en plaindre, on sacrifierait tout pour obtenir ce qu'il désirait ; mais qu'elle le conjurait de ne pas se laisser mourir, puisque de sa vie dépendait la leur.

La reine n'acheva pas ce touchant discours sans mouiller le visage du prince d'un torrent de larmes. « Madame, lui dit enfin le prince avec une voix très faible, je ne suis pas assez dénaturé pour désirer la couronne de mon père, plaise au ciel qu'il vive de longues années et qu'il veuille bien que je sois longtemps le plus fidèle et le plus respectueux de ses sujets ! Quant aux princesses que vous m'offrez, je n'ai point encore pensé à me marier ; et vous pensez bien que, soumis comme je le suis à vos volontés, je vous obéirai toujours, quoi qu'il m'en coûte. — Ah ! mon fils, reprit la

reine, rien ne nous coûtera pour te sauver la vie ; mais, mon cher fils, sauve la mienne et celle du roi ton père en me déclarant ce que tu désires, et sois bien assuré qu'il te sera accordé. — Eh bien ! madame, dit-il, puisqu'il faut vous déclarer ma pensée, je vais vous obéir : je me ferais un crime de mettre en danger deux êtres qui me sont si chers. Oui, ma mère, je désire que Peau-d'Ane me fasse un gâteau, et que, dès qu'il sera fait, on me l'apporte. »

La reine, étonnée de ce nom bizarre, demanda qui était cette Peau-d'Ane ? « C'est, madame, reprit un de ses officiers qui par hasard avait vu cette fille,

Elle fit de son mieux un gâteau pour le prince

c'est la plus vilaine bête après le loup ; une peau noire, une crasseuse, qui loge dans votre métairie et qui garde vos dindons. — N'importe, dit la reine ; mon fils, au retour de la chasse, a peut-être mangé de sa pâtisserie : c'est une fantaisie de malade ; en un mot, je veux que Peau-d'Ane (puisque Peau-d'Ane il y a) lui fasse promptement un gâteau. »

On courut à la métairie, et l'on fit venir Peau-d'Ane, pour lui ordonner de faire de son mieux un gâteau pour le prince.

Quelques auteurs ont assuré que Peau-d'Ane, au moment que ce prince avait mis l'œil à la serrure, les siens l'avaient aperçu, et puis, que, regardant par sa petite fenêtre, elle avait vu ce prince si jeune, si beau et si bien fait, que l'idée lui en était restée, et que souvent ce souvenir lui avait coûté quelques soupirs.

Quoi qu'il en soit, Peau-d'Ane l'ayant vu, ou en ayant beaucoup entendu parler avec éloge, ravie de pouvoir trouver un moyen d'être connue, s'enferma dans sa chambre, jeta sa vilaine peau, se décrassa le visage et les mains, se coiffa de ses blonds cheveux, mit un beau corset d'argent brillant, un jupon pareil, et se mit à faire le gâteau tant désiré : elle prit de la plus pure farine, des œufs et du beurre bien frais.

En travaillant, soit de dessein ou autrement, une bague qu'elle avait au doigt tomba dans la pâte, s'y mêla; et, dès que le gâteau fut cuit, s'affublant de son horrible peau, elle donna le gâteau à l'officier, à qui elle demanda des nouvelles du prince; mais cet homme, ne daignant pas lui répondre, courut chez le prince lui porter ce gâteau.

Le prince le prit avidement des mains de cet homme, et le mangea avec une telle vivacité, que les médecins qui étaient présents, ne manquèrent pas de dire que cette fureur n'était pas un bon signe : effectivement, le prince pensa s'étrangler, avec la bague qu'il trouva dans un des morceaux du gâteau, mais il la tira adroitement de sa bouche, et son ardeur à dévorer ce gâteau se ralentit, en examinant cette fine émeraude montée sur un jonc d'or, dont le cercle était si étroit, qu'il jugea ne pouvoir servir qu'au plus joli petit doigt du monde.

Il baisa mille fois cette bague, la mit sous son chevet, et l'en tirant à tout moment, quand il croyait n'être vu de personne. Le tourment qu'il se donna, pour imaginer comment il pourrait voir celle à qui cette bague pouvait aller, et n'osant croire, s'il demandait Peau-d'Ane, qui avait fait ce gâteau qu'il avait demandé, qu'on lui accordât de la faire venir, n'osant non plus dire ce qu'il avait vu par le trou de la serrure, de crainte qu'on se moquât de lui, et qu'on le prit pour un visionnaire; toutes ces idées le tourmentant à la fois, la fièvre le reprit fortement; et les médecins, ne sachant plus que faire, déclarèrent à la reine que le prince était malade d'amour.

La reine accourut chez son fils avec le roi, qui se désolait : « Mon fils, mon cher fils! » s'écria le monarque affligé, nomme-nous celle que tu veux, nous jurons que nous te la donnerons, fût-elle la plus vile des esclaves. » La reine, en l'embrassant, lui confirma le serment du roi. Le prince, attendri par les larmes et les caresses des auteurs de ses jours : « Mon père et ma mère, leur dit-il, je n'ai point dessein de faire une alliance qui vous déplaise; et, pour preuve de cette vérité, dit-il en tirant l'émeraude de dessous son chevet, c'est que j'épouserai la personne à qui cette bague ira, telle qu'elle soit ; et il n'y a pas apparence que celle qui aura ce joli doigt soit une rustaude ou une paysanne. »

Le roi et la reine prirent la bague, l'examinèrent curieusement, et jugèrent, ainsi que le prince, que cette bague ne pouvait aller qu'à quelque fille de bonne maison.

Alors le roi, ayant embrassé son fils, en le conjurant de guérir, sortit, fit sonner les tambours, les fifres et les trompettes par toute la ville, et crier par ses hérauts que l'on n'avait qu'à venir au palais essayer une bague, et que celle à qui elle irait juste épouserait l'héritier du trône.

Les princesses d'abord arrivèrent, puis les duchesses, les marquises et les baronnes; mais elles eurent beau toutes s'amenuiser les doigts, aucune ne put mettre la bague. Il en fallut venir aux grisettes, qui, toutes jolies qu'elles étaient, avaient toutes les doigts trop gros. Le prince, qui se portait mieux, faisait lui-même l'essai. Enfin, on en vint aux filles de chambre; elles ne réussirent pas mieux. Il n'y avait plus personne qui n'eût essayé cette bague sans succès, lorsque le prince demanda les cuisinières, les marmitonnes, les gardeuses de moutons ; on amena tout cela; mais leurs gros doigts rouges et courts ne purent seulement aller par delà l'ongle.

« A-t-on fait venir cette Peau-d'Ane, qui m'a fait un gâteau ces jours derniers? » dit le prince.

Chacun se prit à rire, et lui dit que non, tant elle était sale et crasseuse.

« Qu'on l'aille chercher tout à l'heure, dit le roi; il ne sera pas dit que j'aie excepté quelqu'un. »

On courut, en riant et en se moquant, chercher la dindonnière.

L'infante, qui avait entendu le tambour et le cri des hérauts d'armes, s'était bien doutée que sa bague faisait ce tintamarre ; elle aimait le prince; et, comme le véritable amour est craintif et n'a point de vanité, elle était dans la crainte continuelle que quelque dame n'eût le doigt aussi menu que le sien. Elle eut donc une grande joie quand on vint la chercher, et qu'on heurta à sa porte. Depuis qu'elle avait su qu'on cherchait un doigt propre à mettre sa bague, je ne sais quel espoir l'avait portée à se coiffer plus soigneusement, et à mettre son beau corset d'argent, avec le jupon plein de falbalas, de dentelles d'argent, semé d'émeraudes. Sitôt qu'elle entendit qu'on heurtait à la porte, et qu'on l'appelait pour aller chez le prince, elle remit promptement sa peau d'âne, ouvrit sa porte, et ces gens, en se moquant d'elle, lui dirent que

le roi la demandait pour lui faire épouser son fils; puis, avec de longs éclats de rire,
ils la menèrent chez le prince, qui lui-même, étonné de l'accoutrement de cette fille,
n'osa croire que ce fût elle qu'il avait vue si pompeuse et si belle.

Triste et confondu de s'être si lourdement trompé :

Elle parut d'une beauté si ravissante que le prince se mit à ses genoux

« Est-ce vous, lui dit-il, qui logez au fond de cette allée obscure, dans la troisième
basse-cour de la métairie?

— Oui, seigneur, répondit-elle.

— Montrez-moi votre main », dit-il en tremblant et poussant un profond
soupir...

Dame! qui fut bien surpris! Ce furent le roi et la reine, ainsi que tous les cham-
bellans et les grands de la cour, lorsque de dessous cette peau noire et crasseuse sortit
une petite main délicate, blanche et couleur de rose, où la bague s'ajusta sans peine
au plus joli petit doigt du monde; et par un petit mouvement que l'infante se donna,
la peau tomba, et elle parut d'une beauté si ravissante, que le prince, tout faible
qu'il était, se mit à ses genoux, et les serra avec une ardeur qui la fit rougir; mais on
ne s'en aperçut presque pas, parce que le roi et la reine vinrent l'embrasser de toute
leur force, et lui demander si elle voulait bien épouser leur fils. La princesse, confuse
de tant de caresses et de l'amour que lui marquait ce beau jeune prince, allait
cependant les en remercier, lorsque le plafond s'ouvrit, et que la fée des Lilas,
descendant dans un char fait de branches et de fleurs de son nom, conta, avec une
grâce infinie, l'histoire de l'infante.

Le roi et la reine, charmés de voir que Peau-d'Ane était une grande princesse,
redoublèrent leurs caresses : mais le prince fut encore plus sensible à la vertu de la
princesse, et son amour s'accrut par cette connaissance.

L'impatience du prince pour épouser la princesse fut telle, qu'à peine donna-t-il le
temps de faire les préparatifs convenables pour cet auguste hyménée. Le roi et la
reine, qui étaient affolés de leur belle-fille, lui faisaient mille caresses, et la tenaient
incessamment dans leurs bras; elle avait déclaré qu'elle ne pouvait épouser le prince
sans le consentement du roi son père; aussi fut-il le premier à qui on envoya une
invitation, sans lui dire quelle était l'épousée; la fée des Lilas, qui présidait à tout
comme de raison, l'avait exigé, à cause des conséquences.

Il vint des rois de tous les pays : les uns en chaise à porteur, d'autres en
cabriolet; de plus éloignés montés sur des éléphants, sur des tigres, sur des
aigles; mais le plus magnifique et le plus puissant fut le père de l'infante, qui
heureusement avait oublié son amour déréglé et avait épousé une reine veuve, fort
belle, dont il n'avait point eu d'enfant. L'infante courut au-devant de lui; il la
reconnut aussitôt, et l'embrassa avec une grande tendresse, avant qu'elle eût le
temps de se jeter à ses genoux.

Le roi et la reine lui présentèrent leur fils, qu'il combla d'amitiés. Les noces se
firent avec toute la pompe imaginable. Les jeunes époux, peu sensibles à ces magni-
ficences, ne virent et ne regardèrent qu'eux.

Le roi, père du prince, fit couronner son fils ce même jour, et, lui baisant la main, le plaça sur son trône, malgré la résistance de ce fils si bien né : il lui fallut obéir.

Les fêtes de cet illustre mariage durèrent près de trois mois ; mais l'amour des deux époux durerait encore, tant ils s'aimaient, s'ils n'étaient pas morts cent ans après.

MORALITÉ

Le conte de Peau-d'Ane est difficile à croire ;
Mais, tant que dans le monde on aura des enfants,
    Des mères et des mères-grand's,
    On en gardera la mémoire.

TABLE DES MATIÈRES

PARIS — IMPRIMERIE PAUL DUPONT (Cl.) 78 12 97

Lightning Source UK Ltd.
Milton Keynes UK
UKHW022058160223
417160UK00003B/217